Mme Dalloway

Virginia Woolf

Writat

Cette édition parue en 2024

ISBN : 9789359944586

Publié par
Writat
email : info@writat.com

MME. DALLOWAY

Mme Dalloway a dit qu'elle achèterait les fleurs elle-même.

Car Lucy avait du pain sur la planche. Les portes seraient retirées de leurs gonds ; Les hommes de Rumpelmayer arrivaient. Et puis, pensa Clarissa Dalloway, quelle matinée, fraîche comme si elle était offerte aux enfants sur une plage.

Quelle alouette ! Quel plongeon ! Car c'est ce qui lui avait toujours semblé, lorsque, avec un petit grincement de gonds qu'elle entendait maintenant, elle avait enfoncé les portes-fenêtres et plongé à Bourton en plein air. Comme l'air était frais, comme il était calme, plus calme bien sûr, au petit matin ; comme le battement d'une vague ; le baiser d'une vague ; froide et vive et pourtant (pour une fille de dix-huit ans comme elle l'était alors) solennelle, sentant comme elle le faisait, debout devant la fenêtre ouverte, que quelque chose d'horrible était sur le point de se produire ; regarder les fleurs, les arbres avec la fumée qui s'en échappe et les tours qui montent et descendent ; debout et regardant jusqu'à ce que Peter Walsh dise : « Réfléchir parmi les légumes ? » — c'était ça ? — « Je préfère les hommes aux choux-fleurs » — c'était ça ? Il a dû le dire un matin au petit déjeuner, alors qu'elle était sortie sur la terrasse – Peter Walsh. Il reviendrait de l'Inde un de ces jours, en juin ou en juillet, elle oubliait lequel, car ses lettres étaient terriblement ennuyeuses ; c'étaient ses paroles dont on se souvenait ; ses yeux, son canif, son sourire, sa mauvaise humeur et, alors que des millions de choses avaient complètement disparu – comme c'était étrange ! – quelques paroles comme celle-ci sur les choux.

Elle se raidit un peu sur le trottoir , attendant que la camionnette de Durtnall passe. Elle était une femme charmante, pensait Scrope Purvis (la connaissant comme on connaît les gens qui vivent à côté de chez soi à Westminster) ; un peu de l'oiseau qui l'entourait, du geai, bleu-vert, léger, vif, bien qu'elle ait plus de cinquante ans et qu'elle soit devenue très blanche depuis sa maladie. Elle était là, perchée, sans le voir, attendant de traverser, bien droite.

Pour avoir vécu à Westminster, depuis combien d'années maintenant ? plus de vingt ans, on ressent même au milieu de la circulation, ou au réveil la nuit, Clarissa était positive, un silence particulier, ou une solennité particulière ; une pause indescriptible ; un suspense (mais c'est peut-être son cœur, touché, dit-on, par la grippe) avant que Big Ben ne frappe. Là! Ça a explosé. D'abord un avertissement, musical ; puis l'heure, irrévocable. Les cercles de plomb se dissolvèrent dans l'air. Nous sommes vraiment idiots, pensa-t-elle en traversant Victoria Street. Car Dieu seul sait pourquoi on l'aime tant, comment on le voit ainsi, en l'inventant, en le construisant autour de soi, en le renversant, en le créant à chaque instant ; mais les plus méchants, les misérables les plus abattus assis sur le seuil des portes (boire leur chute) font de même ; ne peuvent pas être traités, se sentait-elle positive, par des lois du Parlement pour cette raison précise : ils aiment la vie. Aux yeux des gens, dans le balancement, le vagabondage et la marche pénible ; dans le mugissement et le tumulte ; les calèches, les automobiles, les omnibus, les fourgonnettes, les hommes-sandwichs qui se traînaient et se balançaient ; fanfares; orgues de Barbarie; dans le triomphe, le tintement et le chant étrange et aigu d'un avion au-dessus de sa tête, c'était ce qu'elle aimait ; vie; Londres; ce moment de juin.

Car c'était la mi-juin. La guerre était finie, à l'exception d' une personne comme Mme Foxcroft à l'ambassade hier soir qui s'est dévorée parce que ce gentil garçon a été tué et que maintenant le vieux manoir doit revenir à un cousin ; ou Lady Bexborough qui ouvrait un bazar, disaient-ils, avec le télégramme à la main, John, son favori , tué ; mais c'était fini ; Dieu merci, fini. C'était en juin. Le roi et la reine étaient au palais. Et partout, même s'il était encore si tôt, il y avait des coups, des agitations de poneys au galop, des coups de battes de grillons ; Lords, Ascot, Ranelagh et tout le reste ; enveloppés dans le doux filet de l'air gris-bleu du matin qui, à mesure que la journée avançait, les détendait et posait sur leurs pelouses et leurs emplacements les poneys rebondissants, dont les pattes avant touchaient le sol et se levaient, les tourbillonnants des jeunes hommes et des filles rieuses dans leurs mousselines transparentes qui, encore maintenant, après avoir dansé toute la nuit, promenaient leurs absurdes chiens laineux ; et même maintenant, à cette heure, de vieilles douairières discrètes partaient en voiture pour des courses mystérieuses ; et les commerçants s'agitaient dans leurs vitrines avec leurs pâtes et leurs diamants, leurs belles vieilles broches vert d'eau dans des montures du XVIIIe siècle pour tenter les Américains (mais il faut économiser , ne pas acheter à la va-vite pour Elizabeth), et elle aussi adorait ça. comme elle le faisait avec une passion absurde et fidèle, en faisant partie, puisque ses gens étaient autrefois courtisans au temps des Georges, elle aussi allait cette nuit même allumer et éclairer ; pour lui donner une fête. Mais comme c'est étrange, en entrant dans le Parc, le silence ; la brume ; le bourdonnement; les canards heureux qui nagent lentement ; les oiseaux en poche se dandinent ; et qui devrait venir avec son dos contre les bâtiments gouvernementaux, de manière plus appropriée, portant une boîte d'expédition estampillée aux armes royales, qui n'est autre que Hugh Whitbread ; son vieil ami Hugh, l'admirable Hugh !

"Bonjour à toi, Clarissa!" » dit Hugh d'une manière plutôt extravagante, car ils se connaissaient étant enfants. "Où vas-tu?"

«J'adore marcher à Londres», a déclaré Mme Dalloway. "Vraiment, c'est mieux que de marcher à la campagne."

Ils venaient malheureusement de venir voir des médecins. D'autres personnes sont venues voir des photos ; aller à l'opéra; sortez leurs filles; les Whitbread venaient « voir des médecins ». Des fois sans nombre, Clarissa avait rendu visite à Evelyn Whitbread dans une maison de retraite. Evelyn était-elle encore malade ? Evelyn était vraiment de mauvaise humeur, dit Hugh, laissant entendre par une sorte de moue ou de gonflement de son corps très bien couvert, viril, extrêmement beau, parfaitement rembourré (il était presque toujours trop bien habillé, mais il devait probablement l'être, avec son petit travail à la Cour) que sa femme souffrait d'une maladie interne, sans gravité, ce que, en tant que vieille amie, Clarissa Dalloway comprendrait très bien sans qu'il lui soit demandé de le préciser. Ah oui, elle l'a fait bien sûr ; quelle nuisance ; et je me sentais très fraternelle et étrangement consciente en même temps de son chapeau. Ce n'est pas le bon chapeau pour le petit matin, n'est-ce pas ? Car Hugh lui faisait toujours sentir, alors qu'il s'affairait, levant son chapeau de manière assez extravagante et lui assurant qu'elle était peut-être une fille de dix-huit ans, et bien sûr il viendrait à sa fête ce soir, Evelyn insista absolument, seulement un peu tard. il était peut-être après la fête au Palace à laquelle il devait emmener un des garçons de Jim — elle se sentait toujours un peu maigre à côté de Hugh ; écolière; mais attachée à lui, en partie parce qu'elle l'avait toujours connu, mais elle le considérait comme quelqu'un de bon à sa manière, même si Richard était presque rendu fou par lui, et quant à Peter Walsh, il ne lui avait jamais pardonné jusqu'à ce jour d'aimer lui.

Elle se souvenait de scène après scène à Bourton : Peter furieux ; Hugh, bien sûr, n'était en aucun cas son égal, mais il n'était toujours pas un imbécile positif comme Peter le prétendait ; pas un simple bloc de barbier. Quand sa vieille mère voulait qu'il abandonne le tir ou qu'il l'emmène à Bath , il le faisait, sans rien dire ; il était vraiment altruiste, et quant à dire, comme Peter, qu'il n'avait ni cœur, ni cerveau, rien que les manières et les manières d'un gentleman anglais, ce n'était que son cher Peter dans son pire état ; et il pourrait être intolérable; il pourrait être impossible; mais adorable avec qui marcher un matin comme celui-ci.

(June avait arraché toutes les feuilles des arbres. Les mères de Pimlico allaitaient leurs petits. Des messages passaient de la flotte à l'Amirauté. Arlington Street et Piccadilly semblaient irriter l'air même du parc et soulever ses feuilles avec chaleur, avec brio, sur les vagues de cette vitalité divine que Clarissa aimait Danser, chevaucher, elle avait adoré tout cela.)

Car ils pourraient être séparés pendant des centaines d'années, elle et Peter ; elle n'a jamais écrit de lettre et les siennes étaient des bâtons secs ; mais tout d'un coup, cela lui revenait : S'il était avec moi maintenant, que dirait-il ?

Certains jours, certains spectacles le ramenaient à elle calmement, sans l'ancienne amertume ; ce qui était peut-être la récompense d'avoir pris soin des gens ; ils revinrent au milieu de St. James's Park par une belle matinée – en effet, ils le firent. Mais Peter – aussi belle que soit la journée, les arbres, l'herbe et la petite fille en rose – Peter n'a jamais rien vu de tout cela. Il mettrait ses lunettes, si elle le lui disait ; il regarderait. C'était l'état du monde qui l'intéressait ; Wagner, la poésie du pape, les personnages éternels des gens et les défauts de sa propre âme. Comme il l'a grondée ! Comme ils se disputaient ! Elle épouserait un Premier ministre et se tiendrait en haut d'un escalier ; il l'appelait l'hôtesse parfaite (elle en avait pleuré dans sa chambre), elle avait l'étoffe de l'hôtesse parfaite, dit-il.

donc encore à se disputer à St. James's Park, prétendant toujours qu'elle avait eu raison – et elle avait aussi raison – de ne pas l'épouser. Car dans le mariage , il faut un peu de licence , un peu d'indépendance entre les personnes vivant ensemble jour après jour dans la même maison ; que Richard lui a donné, et elle lui. (Où était-il ce matin par exemple ? Un comité, elle n'a jamais demandé quoi.) Mais avec Peter il fallait tout partager ; tout est rentré. Et c'était intolérable, et quand il s'agissait de cette scène dans le petit jardin près de la fontaine, elle devait rompre avec lui sinon ils auraient été détruits, tous deux ruinés, elle en était convaincue ; bien qu'elle ait porté avec elle pendant des années comme une flèche plantée dans son cœur le chagrin, l'angoisse ; et puis l'horreur du moment où quelqu'un lui a dit, lors d'un concert, qu'il avait épousé une femme rencontrée sur le bateau qui allait aux Indes ! Jamais elle ne devrait oublier tout cela ! Froide, sans cœur, prude, il l'appelait. Elle n'a jamais pu comprendre à quel point il s'en souciait. Mais ces femmes indiennes l'ont probablement fait – des nigauds idiots, jolis et fragiles. Et elle a perdu sa pitié. Car il était tout à fait heureux, lui assura-t-il – parfaitement heureux, bien qu'il n'ait jamais rien fait dont ils parlèrent ; toute sa vie avait été un échec. Cela la mettait encore en colère.

Elle avait atteint les portes du Parc. Elle resta un moment debout, regardant les omnibus de Piccadilly.

Elle ne dirait plus à personne au monde maintenant qu'ils étaient ceci ou cela. Elle se sentait très jeune ; en même temps incroyablement vieilli. Elle a tout tranché comme un couteau ; en même temps, il était dehors et regardait. Elle avait le sentiment perpétuel, alors qu'elle regardait les taxis, d'être dehors, dehors, loin au large et seule ; elle avait toujours le sentiment qu'il était très, très dangereux de vivre ne serait-ce qu'un seul jour. Non pas qu'elle se croyait intelligente ou hors du commun. Elle ne parvenait pas à imaginer comment elle avait pu survivre grâce aux quelques brins de connaissances que Fräulein Daniels leur avait transmis. Elle ne savait rien ; pas de langue, pas d'histoire ; elle lisait à peine un livre maintenant, sauf des mémoires au lit ; et pourtant, pour elle, c'était absolument absorbant ; tout ça; les taxis qui passent ; et elle ne dirait pas de Pierre, elle ne dirait pas d'elle-même : je suis ceci, je suis cela.

Son seul don était de connaître les gens presque par instinct, pensa-t-elle en continuant son chemin. Si vous la mettez dans une chambre avec quelqu'un , elle remonte comme celle d'un chat ; ou elle ronronnait. Devonshire House, Bath House, la maison au cacatoès chinois , elle les avait toutes vues illuminées une fois ; et je me suis souvenu de Sylvia, Fred, Sally Seton – de telles foules de personnes ; et danser toute la nuit ; et les chariots qui passent péniblement vers le marché ; et rentrer chez moi en traversant le parc . Elle se souvenait avoir jeté un jour un shilling dans la Serpentine. Mais tout le monde s'en souvenait ; ce qu'elle aimait, c'était ceci, ici, maintenant, devant elle ; la grosse dame dans le taxi. Est-ce alors important, se demanda-t-elle en marchant vers Bond Street, est-ce important qu'elle doive inévitablement arrêter complètement ; tout cela doit continuer sans elle ; est-ce qu'elle l'en voulait ; ou ne devenait-il pas consolant de croire que la mort était définitivement terminée ? mais que d'une manière ou d'une autre, dans les rues de Londres, au gré du flux et du reflux des choses, ici, là, elle a survécu, Peter a survécu, a vécu l'un dans l'autre, elle faisant partie, elle en était certaine, des arbres de chez elle ; de la maison là-bas, laide, décousue en morceaux; une partie de personnes qu'elle n'avait jamais rencontrées ; étant disposée comme une brume entre les gens qu'elle connaissait le mieux, qui la soulevaient sur leurs branches comme elle avait vu les arbres soulever la brume, mais elle s'étendait toujours plus loin, sa vie, elle-même. Mais à quoi rêvait-elle en regardant la vitrine de Hatchards ? Qu'essayait-elle de récupérer ? Quelle image d'une aube blanche dans le pays, comme elle le lit dans le livre ouvert :

N'ayez plus peur de la chaleur du soleil

Ni les rages furieuses de l'hiver.

Cette époque tardive de l'expérience du monde avait engendré chez tous, hommes et femmes, une source de larmes. Des larmes et des chagrins ; courage et endurance; une attitude parfaitement droite et stoïque. Pensez, par exemple, à la femme qu'elle admirait le plus, Lady Bexborough, ouvrant le bazar.

Il y avait *des escapades et des joies* de Jorrocks ; il y avait *Soapy Sponge* et Mrs. Asquith's *Memoirs* and *Big Game Shooting in Nigeria* , tous ouverts. Il y avait tellement de livres ; mais aucun qui ne semblait tout à fait juste à confier à Evelyn Whitbread dans sa maison de retraite. Rien qui puisse l'amuser et faire paraître cette petite femme indescriptiblement desséchée, lorsque Clarissa entra, juste un instant cordiale ; avant de s'installer dans l'habituelle conversation interminable sur les maladies des femmes. Combien elle le voulait – que les gens aient l'air heureux quand elle entrait, pensa Clarissa et elle se tourna et retourna vers Bond Street, ennuyée, parce que c'était idiot d'avoir d'autres raisons de faire les choses. Elle aurait plutôt été de ces gens comme Richard qui faisaient les choses pour eux-mêmes, alors que, pensait-elle, en attendant de traverser, la moitié du temps elle ne faisait pas les choses simplement, pas pour eux-mêmes ; mais faire penser ceci ou cela ; elle connaissait une idiotie parfaite (et maintenant le policier leva la main) car personne ne se laissait jamais duper une seule seconde. Oh si elle avait pu recommencer sa vie ! pensa-t-elle, en marchant sur le trottoir, cela aurait pu être encore différent !

Elle aurait été, en premier lieu, brune comme Lady Bexborough, avec une peau de cuir froissé et de beaux yeux. Elle aurait été, comme Lady Bexborough, lente et majestueuse ; plutôt grand; intéressé par la politique comme un homme; avec une maison de campagne ; très digne, très sincère. Au lieu de cela, elle avait une silhouette étroite en forme de pois ; une petite frimousse ridicule, au bec d'oiseau. Il était vrai qu'elle se tenait bien ; et avait de belles mains et de beaux pieds ; et bien habillée, étant donné qu'elle dépensait peu. Mais souvent maintenant, ce corps qu'elle portait (elle s'arrêtait pour regarder une photo hollandaise), ce corps, avec toutes ses capacités, ne semblait rien, rien du tout. Elle avait le sentiment étrange d'être elle-même invisible ; invisible; inconnu; il n'y avait plus de mariage, plus d'enfants maintenant, mais seulement ces progrès étonnants et plutôt solennels avec le reste d'entre eux, dans Bond Street, ici Mme Dalloway ; même plus Clarissa ; il s'agit de Mme Richard Dalloway.

Bond Street la fascinait ; Bond Street tôt le matin en saison ; ses drapeaux flottent ; ses boutiques ; pas d'éclaboussures ; pas de paillettes ; un rouleau de tweed dans le magasin où son père achetait ses costumes depuis cinquante ans ; quelques perles ; saumon sur un bloc de glace .

«C'est tout», dit-elle en regardant le poissonnier . « C'est tout », répéta-t-elle en s'arrêtant un instant devant la vitrine d'un magasin de gants où, avant la guerre, on pouvait acheter des gants presque parfaits. Et son vieil oncle William disait qu'une dame se reconnaît à ses chaussures et à ses gants. Il s'était retourné sur son lit un matin en pleine guerre. Il avait dit : « J'en ai assez. » Gants et chaussures ; elle avait une passion pour les gants ; mais sa propre fille, son Elizabeth, ne se souciait pas du tout d'eux.

Pas une paille, pensa-t-elle en remontant Bond Street jusqu'à un magasin où l'on gardait des fleurs pour elle lorsqu'elle organisait une fête. Elizabeth tenait avant tout à son chien. Ce matin, toute la maison sentait le goudron.

Pourtant, mieux vaut la pauvre Grizzle que Miss Kilman ; mieux vaut la détrempe, le goudron et tout le reste que de rester assis dans une chambre étouffante avec un livre de prières ! Mieux encore, aurait-elle tendance à dire. Mais ce n'est peut-être qu'une phase, comme l'a dit Richard, comme celle que traversent toutes les filles. C'est peut-être tomber amoureux. Mais pourquoi avec Miss Kilman ? qui avait été maltraité bien sûr ; il faut en tenir compte, et Richard a dit qu'elle était très compétente, qu'elle avait un esprit vraiment historique. Quoi qu'il en soit, ils étaient inséparables, et Elizabeth, sa propre fille, communiait ; et comment elle s'habillait, comment elle traitait les gens qui venaient déjeuner, elle s'en fichait du tout, étant donné son expérience que l'extase religieuse rendait les gens insensibles (les causes aussi) ; cela émoussait leurs sentiments, car Miss Kilman ferait n'importe quoi pour les Russes, se mourait de faim pour les Autrichiens, mais infligeait en privé une torture positive, tant elle était insensible, vêtue d'un manteau vert en imperméable. Année après année, elle portait ce manteau ; elle transpirait ; elle ne restait jamais cinq minutes dans la pièce sans vous faire sentir sa supériorité, votre infériorité ; comme elle était pauvre ; combien tu étais riche ; comment elle vivait dans un bidonville sans coussin, sans lit, sans tapis ou quoi que ce soit, toute son âme rouillée avec ce grief coincé en elle, son renvoi de l'école pendant la guerre – pauvre malheureuse aigrie ! Car ce n'était pas elle qu'on détestait, mais l'idée d'elle, qui avait sans aucun doute rassemblé en elle beaucoup de choses qui n'étaient pas Miss Kilman ; il était devenu un de ces spectres contre lesquels on se bat la nuit ; un de ces spectres qui nous chevauchent et aspirent la moitié de notre sang, dominateurs et tyrans ; car sans aucun doute, avec un autre coup de dé, si le noir avait été au premier plan et non le blanc, elle aurait aimé Miss Kilman ! Mais pas dans ce monde. Non.

Mais ça la rageait d'avoir en elle ce monstre brutal qui remuait ! entendre craquer les brindilles et sentir les sabots plantés au fond de cette forêt encombrée de feuilles, l'âme ; ne jamais être tout à fait content, ni tout à fait en sécurité, car à tout moment la brute remuait cette haine, qui, surtout depuis sa maladie, avait le pouvoir de la faire se sentir écorchée, blessée dans la colonne vertébrale ; lui causait de la douleur physique et faisait tout son plaisir dans la beauté, dans l'amitié, dans le bien-être, dans le fait d'être aimé et de rendre sa maison délicieuse. du contenu n'était que l'amour de soi ! cette haine !

C'est absurde, c'est absurde ! s'écria-t-elle en poussant les portes battantes des fleuristes de Mulberry.

Elle s'avança, légère, grande, très droite, pour être aussitôt accueillie par Miss Pym au visage boutonné, dont les mains étaient toujours rouge vif, comme si elles avaient été placées dans l'eau froide avec les fleurs.

Il y avait des fleurs : des delphiniums, des pois de senteur, des bouquets de lilas ; et des œillets, des masses d'œillets. Il y avait des roses ; il y avait des iris. Ah oui – alors elle respirait la douce odeur terreuse du jardin tout en parlant à Miss Pym qui lui devait son aide, et la trouvait gentille, comme elle l'était il y a des années ; très gentille, mais elle paraissait plus âgée, cette année, tournant la tête d'un côté à l'autre parmi les iris et les roses et hochant la tête des touffes de lilas, les yeux mi-clos, reniflant, après le tumulte de la rue, le parfum délicieux, la fraîcheur exquise. Et puis, en ouvrant les yeux, comme les roses semblaient fraîches, comme du linge à volants, propre d'un linge posé dans des plateaux en osier ; et ils assombrissent et préparent les œillets rouges, levant la tête haute ; et tous les pois de senteur étalés dans leurs bols, teintés de violet, de blanc comme neige, pâles — comme si c'était le soir et des filles en robes de mousseline sortaient cueillir des pois de senteur et des roses après la superbe journée d'été, avec son ciel presque bleu-noir. , ses delphiniums, ses œillets, ses arums, c'était fini ; et c'était le moment entre six et sept heures où chaque fleur — roses, œillets, iris, lilas — brille ; blanc, violet, rouge, orange foncé ; chaque fleur semble brûler d'elle-même, doucement, purement dans les parterres brumeux ; et comme elle aimait les papillons gris-blancs qui tournoyaient sur la tarte aux cerises, sur les onagre !

Et tandis qu'elle commençait à aller avec Miss Pym de pot en pot, choisissant, des bêtises, des bêtises, elle se disait, de plus en plus doucement, comme si cette beauté, ce parfum, cette couleur , et que Miss Pym l'aimait, lui faisait confiance, était une vague qu'elle laissait couler sur elle et surmontait cette haine, ce monstre, surmontait tout ; et cela la souleva de plus en plus quand… oh ! un coup de pistolet dans la rue dehors !

"Chère, ces automobiles", dit Miss Pym en se dirigeant vers la fenêtre pour regarder, et en revenant en souriant d'un air d'excuse, les mains pleines de pois de senteur, comme si ces automobiles, ces pneus d'automobiles, étaient entièrement de *sa* faute.

La violente explosion qui fit sursauter Mme Dalloway et fit aller Miss Pym à la fenêtre pour s'excuser provenait d'une automobile qui s'était arrêtée sur le côté du trottoir juste en face de la vitrine de Mulberry. Les passants qui, bien sûr, s'arrêtaient et regardaient, eurent juste le temps d'apercevoir un visage de la plus haute importance sur le revêtement gris tourterelle, avant qu'une main masculine ne tire le store et qu'il n'y ait plus rien à voir à part un carré de colombe. gris.

Pourtant, les rumeurs circulaient aussitôt du milieu de Bond Street à Oxford Street d'un côté, jusqu'au magasin de parfums Atkinson de l'autre, passant de manière invisible, inaudible, comme un nuage, rapide, comme un voile sur les collines, tombant en effet avec quelque chose de mystérieux. un nuage de sobriété et d'immobilité soudain sur des visages qui, une seconde auparavant, étaient complètement désordonnés. Mais maintenant le mystère les avait effleurés de son aile ; ils avaient entendu la voix de l'autorité ; l'esprit de religion était à l'étranger avec ses yeux bandés et ses lèvres grandes ouvertes. Mais personne ne savait quel visage avait été vu. Était-ce celui du prince de Galles, de la reine, du premier ministre ? À qui était ce visage ? Personne ne savait.

Edgar J. Watkiss, avec son rouleau de passepoil en plomb autour du bras, dit d'une voix sonore, avec humour bien sûr : « Le kyar du Proime Ministre . »

Septimus Warren Smith, incapable de passer, l'entendit.

Septimus Warren Smith, âgé d'une trentaine d'années, au visage pâle, au nez en bec, portant des chaussures marron et un pardessus miteux, avec des yeux noisette qui avaient cet air d'appréhension qui fait appréhender aussi de parfaits inconnus. Le monde a levé son fouet ; où va-t-il descendre ?

Tout était au point mort. Le battement des moteurs ressemblait à une pulsation irrégulière traversant tout un corps. Le soleil devenait extraordinairement chaud parce que l'automobile s'était arrêtée devant la vitrine de Mulberry ; des vieilles dames au sommet des omnibus étendaient leurs ombrelles noires ; ici un parasol vert, ici un parasol rouge ouvert avec un petit pop. Mme Dalloway, s'approchant de la fenêtre, les bras chargés de pois de senteur, regardait dehors avec son petit visage rose pincé d'interrogation. Tout le monde regardait l'automobile. Septimus regarda. Des garçons à bicyclette ont bondi. Trafic accumulé. Et là, l'automobile se tenait là, avec les stores tirés, et dessus un curieux motif semblable à celui d'un arbre, pensa Septimus, et ce rapprochement progressif de tout en un seul centre devant ses yeux, comme si une horreur était presque apparue à la surface et était apparue. sur le point de prendre feu, le terrifia. Le monde vacillait, tremblait et menaçait de s'enflammer. C'est moi qui bloque le passage, pensa-t-il. N'était-il pas regardé et pointé du doigt ? n'était-il pas lesté là, enraciné au trottoir, dans un but précis ? Mais dans quel but ?

« Continuons, Septimus, » dit sa femme, une petite femme aux grands yeux dans un visage jaunâtre et pointu ; une fille italienne.

Mais Lucrezia elle-même ne pouvait s'empêcher de regarder l'automobile et les motifs d'arbres sur les stores. Était-ce la reine là-dedans, la reine qui faisait du shopping ?

Le chauffeur, qui était en train d'ouvrir quelque chose, de tourner quelque chose, de fermer quelque chose, monta sur la caisse.

"Allez," dit Lucrezia.

Mais son mari, car ils étaient mariés depuis quatre ou cinq ans maintenant, sursauta, sursauta et dit : « Très bien ! avec colère, comme si elle l'avait interrompu.

Les gens doivent le remarquer ; les gens doivent voir. Des gens, pensa-t-elle en regardant la foule qui regardait l'automobile ; les Anglais, avec leurs enfants, leurs chevaux et leurs vêtements, qu'elle admirait en quelque sorte ; mais ils étaient désormais des « gens », parce que Septimus avait dit : « Je me suiciderai » ; une chose horrible à dire. Et si ils l'avaient entendu ? Elle regarda la foule. À l'aide! elle avait envie de crier aux garçons et aux femmes bouchers. Aide! L'automne dernier seulement, elle et Septimus s'étaient tenus sur le quai, enveloppés dans le même manteau et, Septimus lisant un journal au lieu de parler, elle le lui avait arraché et avait ri au nez du vieil homme qui les voyait ! Mais on cache l'échec. Elle doit l'emmener dans un parc.

«Maintenant, nous allons traverser», dit-elle.

Elle avait droit à son bras, même si c'était sans ressentir. Il lui donnerait, à elle qui était si simple, si impulsive, âgée de vingt-quatre ans seulement, sans amis en Angleterre, et qui avait quitté l'Italie pour lui, un morceau d'os.

L'automobile, avec ses stores tirés et un air de réserve impénétrable, se dirigea vers Piccadilly, toujours regardée, ébouriffant toujours les visages des deux côtés de la rue avec le même souffle sombre de vénération, que ce soit pour la reine, le prince ou le premier ministre, personne ne le savait. Le visage lui-même n'avait été vu qu'une seule fois par trois personnes pendant quelques secondes. Même le sexe était désormais en litige. Mais il ne faisait aucun doute que la grandeur résidait à l'intérieur ; la grandeur passait, cachée, dans Bond Street, éloignée seulement d'une poignée de main des gens ordinaires qui pouvaient maintenant, pour la première et dernière fois, être à portée de parole de la majesté de l'Angleterre, du symbole durable de l'État qui sera être connu des antiquaires curieux, passant au crible les ruines du temps, alors que Londres n'est qu'un chemin d'herbe et que tous ceux qui se précipitent sur le trottoir ce mercredi matin ne sont que des os avec quelques alliances mêlées dans leur poussière et les barrages en or d'innombrables pourris. dents. Le visage dans l'automobile sera alors connu.

C'est probablement la reine, pensa Mme Dalloway, sortant de Mulberry avec ses fleurs ; la reine. Et pendant une seconde, elle eut un air d'une extrême dignité, debout près du magasin de fleurs, au soleil, pendant que la voiture passait au pas, les stores tirés. La reine se rend dans un hôpital ; la reine ouvrant un bazar, pensa Clarissa.

Le coup de cœur était formidable pour le moment de la journée. Lords, Ascot, Hurlingham , qu'est-ce que c'était ? se demanda-t-elle, car la rue était bloquée. Les classes moyennes britanniques assises de côté sur le toit des omnibus avec des colis et des parapluies, oui, même des fourrures un jour comme celui-ci, étaient, pensait-elle, plus ridicules, plus différentes de tout ce qui a jamais existé qu'on pourrait concevoir ; et la reine elle-même résista ; la reine elle-même ne pouvait pas passer. Clarissa a été suspendue d'un côté de Brook Street ; Sir John Buckhurst, le vieux juge de l'autre, avec la voiture entre eux (Sir John faisait la loi depuis des années et aimait les femmes bien habillées) lorsque le chauffeur, légèrement penché, dit ou montra quelque chose au policier. , qui salua et leva le bras et secoua la tête et déplaça l'omnibus sur le côté et la voiture passa. Lentement et très silencieusement, il avançait.

Clarissa devina ; Clarissa le savait bien sûr ; elle avait vu quelque chose de blanc, magique, circulaire, dans la main du valet de pied, un disque inscrit avec un nom – celui de la Reine, celui du Prince de Galles, celui du Premier Ministre ? – qui, par la force de son propre éclat , se frayait un chemin à travers (Clarissa a vu la voiture diminuer, disparaître), flamber parmi les candélabres, les étoiles scintillantes, les seins raidis par les feuilles de chêne, Hugh Whitbread et tous ses collègues, les gentlemen d'Angleterre, cette nuit-là au palais de Buckingham. Et Clarissa a aussi organisé une fête. Elle se raidit un peu ; pour qu'elle se tienne en haut de ses escaliers.

La voiture avait disparu, mais elle avait laissé une légère ondulation qui traversait les boutiques de gants, de chapeaux et de tailleurs des deux côtés de Bond Street. Pendant trente secondes, toutes les têtes furent inclinées de la même manière : vers la fenêtre. Choisir une paire de gants – doivent-ils être jusqu'au coude ou au-dessus, citron ou gris pâle ? – les dames s'arrêtèrent ; quand la phrase fut finie, quelque chose s'était produit. Quelque chose de si insignifiant dans des cas isolés qu'aucun instrument mathématique, bien que capable de transmettre des chocs en Chine, ne puisse enregistrer la vibration ; pourtant dans sa plénitude plutôt formidable et dans son attrait commun émotionnel ; car dans toutes les chapelleries et chez les tailleurs, les étrangers se regardaient et pensaient aux morts ; du drapeau; d'Empire. Dans un pub dans une petite rue, un colonial a insulté la maison de Windsor, ce qui a donné lieu à des mots, des verres de bière cassés et un shindy général, qui ont résonné étrangement de l'autre côté du chemin dans les oreilles des filles achetant du linge de lit blanc orné de rubans d'un blanc pur pour leurs vêtements. mariages. Car l'agitation superficielle de la voiture qui passait au moment où elle coulait frôlait quelque chose de très profond.

Traversant Piccadilly, la voiture tourna dans St. James's Street. Des hommes de grande taille, des hommes au physique robuste, des hommes bien habillés avec leurs fracs, leurs combinaisons blanches et leurs cheveux tirés en arrière qui, pour des raisons difficiles à discerner, se tenaient debout dans le bow-window du Brooks, les mains derrière la queue de leur Les manteaux, regardant dehors, perçurent instinctivement que la grandeur passait, et la pâle lumière de la présence immortelle tomba sur eux comme elle était tombée sur Clarissa Dalloway. Aussitôt ils se redressèrent encore, retirèrent leurs mains et semblèrent prêts à accompagner leur souverain, s'il le fallait, jusqu'à la bouche du canon, comme leurs ancêtres l'avaient fait avant eux. Les bustes blancs et les petites tables du fond couvertes de copies du *Tatler* et de siphons d'eau gazeuse semblaient approuver ; semblait indiquer le maïs qui coule et les manoirs d'Angleterre ; et pour renvoyer le frêle bourdonnement des roues motrices comme reviennent les murs d'une galerie chuchotante, une seule voix élargie et rendue sonore par la puissance de toute une cathédrale. Moll Pratt, en châle, avec ses fleurs sur le trottoir, souhaitait bonne chance au cher garçon (c'était le prince de Galles, c'était certain) et aurait jeté le prix d'un pot de bière - un bouquet de roses - dans la rue Saint-James, à la lumière pure. Elle aurait fait preuve de bon cœur et de mépris pour la pauvreté si elle n'avait pas vu sur elle le regard du connétable, décourageant la loyauté d'une vieille Irlandaise. Les sentinelles de Saint-James saluèrent ; Le policier de la reine Alexandra approuva.

Entre-temps, une petite foule s'était rassemblée aux portes du palais de Buckingham. Avec apathie, mais avec confiance, les pauvres gens attendaient tous ; j'ai regardé le palais lui-même avec le drapeau flottant; à Victoria, se gonflant sur son tertre, admirait ses étagères d'eau courante, ses géraniums ; distingué parmi les automobiles du centre commercial, d'abord celui-ci, puis celui-là ; accordé de l'émotion, en vain, aux roturiers en promenade; ils ont rappelé leur hommage pour qu'il ne soit pas dépensé pendant que cette voiture passait et celle-là ; et tout le temps laissent la rumeur s'accumuler dans leurs veines et faire vibrer les nerfs de leurs cuisses à l'idée que la royauté les regarde ; la reine s'inclinant ; le Prince saluant ; à la pensée de la vie céleste divinement accordée aux rois ; des écuyers et des profondes révérences ; de l'ancienne maison de poupée de la Reine ; de la princesse Mary mariée à un Anglais, et du prince… ah ! le prince! qui ressemblait à merveille, disaient-ils, au vieux roi Édouard, mais qui était de plus en plus mince. Le prince vivait à Saint-James ; mais il pourrait venir le matin rendre visite à sa mère.

Alors Sarah Bletchley a dit avec son bébé dans ses bras, levant et descendant son pied comme si elle était près de son propre pare-chocs à Pimlico, mais gardant les yeux sur le centre commercial, tandis qu'Emily Coates se promenait devant les fenêtres du palais et pensait aux femmes de chambre : les innombrables femmes de chambre, les chambres, les innombrables chambres. Rejoint par un monsieur âgé avec un Aberdeen terrier, par des hommes sans occupation, la foule s'est accrue. Le petit M. Bowley, qui avait des chambres à Albany et qui était scellé avec de la cire sur les sources les plus profondes de la vie, mais qui pouvait être descellé soudainement, de manière inappropriée, sentimentale, par ce genre de choses - de pauvres femmes attendant de voir passer la Reine - de pauvres femmes , de gentils petits enfants, des orphelins, des veuves, la guerre, tut-tut, avait en effet les larmes aux yeux. Une brise très chaleureuse balayant le centre commercial à travers les arbres minces, passant devant les héros de bronze, a soulevé un drapeau britannique flottant dans la poitrine de M. Bowley et il a levé son chapeau alors que la voiture tournait dans le centre commercial et l'a tenu haut comme la voiture. approché; et laissa les pauvres mères de Pimlico se serrer contre lui et se tenèrent très droites. La voiture est arrivée.

Soudain, Mme Coates leva les yeux vers le ciel. Le bruit d'un avion résonnait de façon inquiétante dans les oreilles de la foule. Le voilà qui arrivait au-dessus des arbres, laissant échapper une fumée blanche par derrière, qui s'enroulait et se tordait, écrivant en fait quelque chose ! faire des lettres dans le ciel ! Tout le monde leva les yeux.

Tombant mort, l' avion s'est envolé tout droit, s'est courbé en boucle, a couru, a coulé, s'est élevé, et quoi qu'il ait fait, partout où il allait, flottait derrière lui une épaisse barre ébouriffée de fumée blanche qui s'enroulait et s'enroulait sur le ciel en lettres. Mais quelles lettres ? C'était un C ? un E, puis un L ? Seulement un moment ils restèrent immobiles ; puis ils ont bougé et fondu et ont été effacés dans le ciel, et l' avion a tiré plus loin et encore, dans un nouvel espace du ciel, a commencé à écrire un K, un E, un Y peut-être ?

"Glaxo", dit Mme Coates d'une voix tendue et émerveillée, regardant droit vers le haut, et son bébé, couché raide et blanc dans ses bras, regardait droit vers le haut.

« Kreemo », murmura Mme Bletchley, comme une somnambule. Avec son chapeau parfaitement immobile dans sa main, M. Bowley leva les yeux vers le haut. Partout dans le centre commercial, les gens étaient debout et regardaient vers le ciel. Pendant qu'ils regardaient, le monde entier devint parfaitement silencieux, et un vol de mouettes traversa le ciel, d'abord une mouette en tête, puis une autre, et dans ce silence et cette paix extraordinaires, dans cette pâleur, dans cette pureté, les cloches sonnèrent onze fois, le son disparaissant là-haut parmi les mouettes.

L' avion tournait, courait et piqué exactement où il voulait, rapidement, librement, comme un patineur...

"C'est un E", a déclaré Mme Bletchley - ou une danseuse -

"C'est du caramel", murmura M. Bowley - (et la voiture entra aux portes et personne ne la regarda), et coupant la fumée, elle s'éloigna sans cesse, et la fumée s'estompa et s'assembla autour des larges formes blanches. des nuages.

C'était parti ; c'était derrière les nuages. Il n'y avait aucun son. Les nuages auxquels étaient attachées les lettres E, G ou L se déplaçaient librement, comme s'ils étaient destinés à traverser d'Ouest en Est pour une mission de la plus haute importance qui ne serait jamais révélée, et pourtant c'était certainement le cas : une mission de la plus grande importance. Puis soudain, alors qu'un train sort d'un tunnel, l' avion surgit à nouveau des nuages, le son perçant les oreilles de tous les gens du Mall , de Green Park, de Piccadilly, de Regent Street, de Regent's Park, et la barre de fumée s'est courbée derrière elle et elle est tombée, et elle s'est envolée et a écrit une lettre après l'autre — mais quel mot écrivait-elle ?

Lucrezia Warren Smith, assise aux côtés de son mari sur un siège à Regent's Park dans le Broad Walk, leva les yeux.

«Regarde, regarde, Septimus!» elle a pleuré. Car le Dr Holmes lui avait dit de faire en sorte que son mari (qui n'avait rien de sérieux avec lui mais qui était un peu mal en point) s'intéresse aux choses extérieures à lui.

Alors, pensa Septimus en levant les yeux, ils me font signe . Pas vraiment en termes réels ; c'est-à-dire qu'il ne pouvait pas encore lire la langue ; mais c'était assez clair, cette beauté, cette beauté exquise, et les larmes lui remplirent les yeux tandis qu'il regardait les mots de fumée languissant et fondant dans le ciel et lui accordant dans leur charité inépuisable et leur bonté riante une forme après l'autre d'une beauté et d'une beauté inimaginables. signalant leur intention de lui fournir, pour rien, pour toujours , pour simplement chercher, de la beauté, plus de beauté ! Des larmes coulaient sur ses joues.

C'était du caramel ; ils faisaient de la publicité pour du caramel, a déclaré une nourrice à Rezia. Ensemble, ils commencèrent à épeler t...o...f....

"K... R..." dit la nourrice, et Septimus l'entendit dire "Kay Arr " près de son oreille, profondément, doucement, comme un orgue doux, mais avec une voix rauque comme celle d'une sauterelle, qui rauque sa colonne vertébrale délicieusement et envoya des ondes sonores monter dans son cerveau qui, concussantes, se brisèrent. C'est en effet une découverte merveilleuse : que la voix humaine, dans certaines conditions atmosphériques (car il faut être scientifique, avant tout scientifique), peut donner vie aux arbres ! Heureusement, Rezia posa sa main avec un poids énorme sur son genou, de sorte qu'il fut alourdi, transpercé, ou l'excitation des ormes montant et descendant, montant et descendant avec toutes leurs feuilles allumées et la couleur s'éclaircissant et s'épaississant du bleu au bleu. le vert d'une vague creuse, comme des plumes sur la tête des chevaux, des plumes sur celles des dames, si fièrement elles montaient et descendaient, si superbement, l'aurait rendu fou. Mais il ne deviendrait pas fou. Il fermait les yeux ; il n'en verrait plus.

Mais ils m'ont fait signe ; les feuilles étaient vivantes ; les arbres étaient vivants. Et les feuilles, reliées par des millions de fibres à son propre corps, là sur le siège, le faisaient monter et descendre ; lorsque la branche s'est étirée , il a également fait cette déclaration. Les moineaux voletant, montant et descendant dans des fontaines irrégulières faisaient partie du modèle ; le blanc et le bleu, barré de branches noires. Les sons formaient des harmonies avec préméditation ; les espaces entre eux étaient aussi significatifs que les sons. Un enfant a pleuré. Juste au loin, un klaxon retentit. Tout cela ensemble signifiait la naissance d'une nouvelle religion.

« Septimus ! » » dit Rezia. » commença-t-il violemment. Les gens doivent le remarquer.

«Je vais marcher jusqu'à la fontaine et revenir», a-t-elle déclaré.

Car elle n'en pouvait plus. Le Dr Holmes pourrait dire qu'il n'y avait rien de grave. Elle préférerait de loin qu'il soit mort ! Elle ne pouvait pas s'asseoir à côté de lui quand il la regardait ainsi et ne la voyait pas et rendait tout terrible ; ciel et arbre, enfants jouant, traînant des charrettes, sifflant, tombant ; tout était terrible. Et il ne se suiciderait pas ; et elle ne pouvait le dire à personne. « Septimus a travaillé trop dur », c'est tout ce qu'elle pouvait dire à sa propre mère. Aimer rend solitaire, pensait-elle. Elle ne pouvait le dire à personne, pas même à Septimus maintenant, et en regardant en arrière, elle le vit assis seul dans son pardessus miteux, sur le siège, voûté, regardant fixement. Et c'était lâche de la part d'un homme de dire qu'il se suiciderait, mais Septimus s'était battu ; il était courageux ; il n'était plus Septimus maintenant. Elle enfila son col en dentelle. Elle a mis son nouveau chapeau et il ne l'a jamais remarqué ; et il était heureux sans elle. Rien ne pourrait la rendre heureuse sans lui ! Rien! Il était égoïste. Ainsi en sont les hommes. Car il n'était pas malade. Le Dr Holmes a dit qu'il n'y avait aucun problème avec lui. Elle tendit la main devant elle. Regarder! Son alliance a glissé – elle était devenue si maigre. C'était elle qui souffrait, mais elle n'avait personne à qui le dire.

Loin était l'Italie et les maisons blanches et la pièce où ses sœurs étaient assises en train de confectionner des chapeaux, et les rues étaient remplies chaque soir de gens marchant, riant aux éclats, pas à moitié vivants comme les gens d'ici, blottis dans des chaises de bain, regardant quelques fleurs laides. coincé dans des pots !

« Car tu devrais voir les jardins de Milan », dit-elle à voix haute. Mais à qui ?

Il n'y avait personne. Ses mots s'estompèrent. Alors une fusée s'estompe. Ses étincelles, ayant effleuré la nuit, s'y abandonnent, l'obscurité descend, se déverse sur les contours des maisons et des tours ; les flancs des collines s'adoucissent et s'effondrent. Mais même s'ils ont disparu, la nuit en est pleine ; privés de couleur , dépourvus de fenêtres, ils existent plus lourdement, donnent à entendre ce que la franche lumière du jour ne parvient pas à transmettre : le trouble et le suspense des choses agglomérées là dans l'obscurité ; blottis les uns contre les autres dans l'obscurité; reste du soulagement qu'apporte l'aube quand, lavant les murs blancs et gris, tachetant chaque vitre, soulevant la brume des champs, montrant les vaches rouge-brun paissant paisiblement, tout est à nouveau paré sous les yeux ; existe à nouveau. Je suis seul; Je suis seul! s'écria-t-elle près de la fontaine de Regent's Park (en regardant l'Indien et sa croix), car peut-être à minuit, lorsque toutes les frontières sont perdues, le pays reprend sa forme ancienne, telle que les Romains le voyaient, nuageux, lorsqu'ils débarquèrent. , et les collines n'avaient pas de noms et les rivières serpentaient on ne savait où - telles étaient ses ténèbres ; quand soudain, comme si une étagère avait été projetée et qu'elle se tenait dessus, elle a dit qu'elle était sa femme, mariée il y a des années à Milan, sa femme, et qu'elle ne dirait jamais, au grand jamais, qu'il était fou ! En se retournant, l'étagère tomba ; vers le bas, vers le bas, elle est tombée. Car il était parti, pensa-t-elle – parti, alors qu'il menaçait de se suicider – pour se jeter sous une charrette ! Mais non; il était là ; toujours assis seul sur le siège, dans son pardessus miteux, les jambes croisées, le regard fixé, parlant à haute voix.

Les hommes ne doivent pas abattre les arbres. Il y a un dieu. (Il a noté de telles révélations au dos des enveloppes.) Changer le monde. Personne ne tue par haine. Faites-le savoir (il l'a écrit). Il a attendu. Il a écouté. Un moineau perché sur la balustrade en face gazouillait Septimus, Septimus quatre ou cinq fois et continuait, tirant ses notes, à chanter d'une manière fraîche et perçante en paroles grecques comment il n'y a pas de crime et, rejoints par un autre moineau, ils chantèrent à voix haute. prolongé et perçant en mots grecs, depuis les arbres dans la prairie de la vie au-delà d'une rivière où marchent les morts, comment il n'y a pas de mort.

Il y avait sa main ; là les morts. Des choses blanches se rassemblaient derrière la grille en face. Mais il n'osait pas regarder. Evans était derrière la grille !

"Qu'est-ce que tu dis?" dit soudain Rezia en s'asseyant à côté de lui.

Encore interrompu ! Elle m'interrompait toujours.

Loin des gens — il faut qu'ils s'éloignent des gens, dit-il (sautant), tout de suite là-bas, là où il y avait des chaises sous un arbre et où la longue pente du parc était plongée comme une étendue d'étoffe verte avec un plafond bleu. et de la fumée rose au-dessus, et il y avait un rempart de maisons très irrégulières embrumées par la fumée, la circulation bourdonnait en cercle, et à droite, des animaux de couleur brune étendaient leurs longs cous sur les palissades du zoo, aboyant, hurlant. Là, ils s'assirent sous un arbre.

«Regarde», le supplia-t-elle en désignant une petite troupe de garçons portant des moignons de grillon, et l'un d'eux traînait, tournait sur ses talons et traînait, comme s'il faisait le clown au music-hall.

« Écoutez », le supplia-t-elle, car le Dr Holmes lui avait dit de lui faire remarquer des choses réelles, d'aller au music-hall, de jouer au cricket – c'était le vrai jeu, dit le Dr Holmes, un joli jeu en plein air. , le jeu même pour son mari.

"Ecoute," répéta-t-elle.

Regardez l'invisible lui dit, la voix qui communiquait maintenant avec celui qui était le plus grand de l'humanité, Septimus, récemment enlevé de la vie à la mort, le Seigneur venu renouveler la société, qui gisait comme une couverture, une couverture de neige frappée seulement par le soleil, toujours intact, souffrant pour toujours , le bouc émissaire, l'éternel souffrant, mais il ne le voulait pas, gémissait-il, lui ôtant d'un geste de la main cette souffrance éternelle, cette solitude éternelle.

« Écoutez », répéta-t-elle, car il ne fallait pas qu'il se parle à voix haute dehors.

"Oh regarde," le supplia-t-elle. Mais qu'y avait-il à regarder ? Quelques moutons. C'était tout.

Le chemin jusqu'à la station de métro Regent's Park – pourraient-ils lui indiquer le chemin jusqu'à la station de métro Regent's Park – Maisie Johnson voulait le savoir. Elle était debout d'Edimbourg il y a seulement deux jours.

"Pas par ici, là-bas!" s'exclama Rezia en lui faisant signe de s'écarter, de peur qu'elle ne voie Septimus.

Tous deux semblaient bizarres, pensa Maisie Johnson. Tout semblait très bizarre. A Londres pour la première fois, venue prendre un poste chez son oncle dans Leadenhall Street, et maintenant en se promenant dans Regent's Park le matin, ce couple sur les chaises lui a fait tout un tour ; la jeune femme qui semble étrangère, l'homme qui a l'air bizarre ; de sorte que, si elle était très vieille, elle se souviendrait encore et ferait résonner parmi ses souvenirs comment elle avait traversé Regent's Park par un beau matin d'été, cinquante ans auparavant. Car elle n'avait que dix-neuf ans et avait enfin réussi à venir à Londres ; et maintenant, comme c'était étrange, ce couple à qui elle avait demandé le chemin, et la jeune fille sursauta et lui tendit la main, et l'homme… il semblait terriblement étrange ; se disputer, peut-être ; se séparer pour toujours , peut-être ; quelque chose se passait, elle le savait ; et maintenant, tous ces gens (car elle revint à Broad Walk), les bassins de pierre, les fleurs soignées, les vieillards et les femmes, les invalides pour la plupart dans des chaises de bain, tout semblait, après Édimbourg, si étrange. Et Maisie Johnson, alors qu'elle rejoignait cette compagnie qui marchait doucement, au regard vague, embrassée par la brise – des écureuils se perchaient et se lissaient, des fontaines à moineaux voltigeant pour chercher des miettes, des chiens occupés avec les grilles, occupés les uns avec les autres, tandis que l'air doux et chaud les submergeait et prêtait au regard fixe et sans surprise avec lequel ils recevaient la vie quelque chose de fantaisiste et d'apaisé - Maisie Johnson avait vraiment l'impression qu'elle devait crier Oh ! (car ce jeune homme assis sur le siège lui avait fait faire un sacré tour. Quelque chose se passait, elle le savait.)

Horreur! horreur! elle avait envie de pleurer. (Elle avait quitté son peuple ; ils l'avaient prévenue de ce qui allait arriver.)

Pourquoi n'était-elle pas restée à la maison ? s'écria-t-elle en tournant le bouton de la rampe de fer.

Cette fille, pensa Mme Dempster (qui gardait des croûtes pour les écureuils et déjeunait souvent à Regent's Park), ne sait encore rien ; et en réalité il lui semblait préférable d'être un peu gros, un peu lâche, un peu modéré dans ses attentes. Percy a bu. Eh bien, mieux vaut avoir un fils, pensa Mme Dempster. Elle avait traversé une période difficile et ne pouvait s'empêcher de sourire à une fille comme celle-là. Vous vous marierez, car vous êtes assez jolie, pensa Mme Dempster. Marie-toi, pensa-t-elle, et tu sauras alors. Oh, les cuisiniers, etc. Chaque homme a ses manières. Mais si j'aurais choisi ainsi, si j'avais pu le savoir, pensa Mme Dempster, et elle ne put s'empêcher de souhaiter murmurer un mot à Maisie Johnson ; sentir sur la poche froissée de son vieux visage usé le baiser de la pitié. Car la vie a été dure, pensa Mme Dempster. Que ne lui avait-elle pas donné ? Des roses; chiffre; ses pieds aussi. (Elle a dessiné les bosses sous sa jupe.)

Roses, pensa-t-elle sardoniquement. Que des déchets, ma chérie . Car en réalité, entre manger, boire et s'accoupler, les mauvais et les bons jours, la vie n'avait pas été une simple affaire de roses, et qui plus est, laissez-moi vous le dire, Carrie Dempster n'avait aucune envie de changer son sort avec celui d'une autre femme . Kentish Town! Mais, implora-t-elle, dommage. Dommage pour la perte des roses. Dommage qu'elle ait demandé à Maisie Johnson, debout près des parterres de jacinthes.

Ah mais cet avion ! Mme Dempster n'avait-elle pas toujours eu envie de visiter des contrées étrangères ? Elle avait un neveu, missionnaire. Il s'est envolé et a tiré. Elle allait toujours sur la mer à Margate, pas hors de vue de la terre, mais elle n'avait aucune patience avec les femmes qui avaient peur de l'eau. Il a balayé et est tombé. Son ventre était dans sa bouche. De nouveau. Il y a un jeune et brave homme à bord, paria Mme Dempster, et cela s'éloignait, rapide et s'estompant, le tir de l' avion s'éloignait sans cesse ; survolant Greenwich et tous les mâts ; sur la petite île aux églises grises, Saint-Paul et le reste jusqu'à ce que, de chaque côté de Londres, des champs s'étendent et des bois brun foncé où des grives aventureuses sautillaient hardiment, jetant un coup d'œil rapide, attrapèrent l'escargot et le frappèrent sur une pierre, une fois, deux fois, trois fois.

De loin en loin, l' avion tirait, jusqu'à ce qu'il ne soit plus qu'une étincelle brillante ; une aspiration; une concentration; un symbole (c'est ce qu'il semblait à M. Bentley, roulant vigoureusement sa bande de gazon à Greenwich) de l'âme humaine ; de sa détermination, pensa M. Bentley, en contournant le cèdre, pour sortir de son corps, au-delà de sa maison, au moyen de la pensée, d'Einstein, de la spéculation, des mathématiques, de la théorie mendélienne, loin du tir d'avion .

Puis, tandis qu'un homme indéfinissable à l'air miteux, portant un sac en cuir, se tenait sur les marches de la cathédrale Saint-Paul et hésitait, car à l'intérieur se trouvait quel baume, quel grand accueil, combien de tombeaux surmontés de bannières, témoignages de victoires non sur les armées, mais, pensa-t-il, sur cet esprit pestiféré de recherche de la vérité qui me laisse actuellement sans situation, et plus encore, la cathédrale offre de la compagnie, pensa-t-il, vous invite à devenir membre d'une société ; les grands hommes en font partie ; des martyrs sont morts pour cela ; pourquoi ne pas y entrer, pensa-t-il, placer ce sac en cuir rempli de brochures devant un autel, une croix, symbole de quelque chose qui s'est envolé au-delà de la recherche, de la quête et de la rencontre des mots et est devenu tout esprit, désincarné, fantomatique - pourquoi pas entrer à l'intérieur? pensa-t-il et pendant qu'il hésitait, l' avion survola Ludgate Circus.

C'était étrange; il était toujours. Pas un bruit ne se faisait entendre au-dessus de la circulation. Cela semblait non guidé ; accéléré de sa propre volonté. Et maintenant, se courbant de plus en plus haut, tout droit, comme quelque chose montant en extase, dans un pur délice, de derrière se déversait une fumée blanche en boucle, écrivant un T, un O, un F.

"Qu'est ce qu'ils regardent?" dit Clarissa Dalloway à la bonne qui lui ouvrit la porte.

Le hall de la maison était frais comme un caveau. Mme Dalloway leva la main vers ses yeux et, tandis que la servante fermait la porte et qu'elle entendait le bruissement des jupes de Lucy, elle se sentit comme une religieuse qui a quitté le monde et qui sent se replier autour d'elle les voiles familiers et la réponse. aux anciennes dévotions. Le cuisinier sifflait dans la cuisine. Elle entendit le clic de la machine à écrire. C'était sa vie, et, penchant la tête sur la table du hall, elle s'inclinait sous l'influence, se sentait bénie et purifiée, se disant, en prenant le bloc-notes avec le message téléphonique dessus, combien des moments comme celui-ci sont des bourgeons sur le arbre de vie, ce sont des fleurs des ténèbres, pensa-t-elle (comme si une jolie rose avait fleuri rien que pour ses yeux) ; pas un seul instant elle n'a cru en Dieu ; mais à plus forte raison, pensa-t-elle en reprenant le carnet, il faut rendre dans la vie quotidienne aux domestiques, oui, aux chiens et aux canaris, surtout à Richard son mari, qui en était le fondement, des sons gais, des des lumières vertes, du cuisinier sifflant même, car Mme Walker était irlandaise et sifflait toute la journée - il faut rembourser ce dépôt secret de moments exquis, pensa-t-elle en soulevant le bloc-notes, tandis que Lucy se tenait à ses côtés, essayant d'expliquer comment .

"M. Dalloway, madame »—

Clarissa lut sur le clavier du téléphone : « Lady Bruton souhaite savoir si M. Dalloway déjeunera avec elle aujourd'hui.

"M. Dalloway, madame, m'a dit de vous dire qu'il déjeunerait dehors.

"Cher!" » dit Clarissa, et Lucy partagea ce qu'elle pensait d'elle, à sa grande déception (mais pas au pincement) ; j'ai senti la concorde entre eux; j'ai compris l'allusion ; j'ai pensé à quel point les nobles aiment ; a doré son propre avenir de calme; et, prenant l'ombrelle de Mme Dalloway, la manipula comme une arme sacrée qu'une déesse, s'étant honorablement acquittée sur le champ de bataille, se débarrasse et la plaça dans le porte-parapluie.

"N'ayez plus peur", a déclaré Clarissa. Ne craignez plus la chaleur du soleil ; car le choc de Lady Bruton demandant à Richard de déjeuner sans elle fit frissonner l'instant où elle s'était tenue, comme une plante sur le lit de la rivière ressent le choc d'un aviron qui passe et frissonne : ainsi elle se balança : ainsi elle frissonna.

Millicent Bruton, dont les déjeuners étaient réputés extraordinairement amusants, ne le lui avait pas demandé. Aucune jalousie vulgaire ne pouvait la séparer de Richard. Mais elle craignait le temps lui-même et lisait sur le visage de Lady Bruton, comme sur un cadran taillé dans la pierre impassible, le déclin de la vie ; comment, année après année, sa part était découpée ; combien peu la marge qui restait était capable de s'étirer, d'absorber, comme dans les années de jeunesse, les couleurs , les sels, les tons de l'existence, de sorte qu'elle remplissait la pièce où elle entrait, et sentait souvent, en hésitant un instant, le seuil de son salon, un suspense exquis, tel que pourrait rester un plongeur avant de plonger pendant que la mer s'assombrit et s'éclaire sous lui, et que les vagues qui menacent de se briser, mais ne font que doucement fendre leur surface, roulent, se cachent et s'incrustent comme ils retournent simplement les mauvaises herbes avec des perles.

Elle posa le bloc-notes sur la table du hall. Elle commença à monter lentement les escaliers, la main sur les rampes, comme si elle sortait d'une fête, où maintenant cette amie qui lui avait renvoyé son visage, sa voix ; avait fermé la porte, était sorti et s'était tenu seul, une seule silhouette face à la nuit épouvantable, ou plutôt, pour être plus précis, face au regard de ce matin de juin terre-à-terre ; douce avec la lueur des pétales de rose pour certains, elle le savait et le sentait, alors qu'elle s'arrêtait près de la fenêtre ouverte de l'escalier qui laissait entrer les stores claquant, les chiens aboyaient, laissée entrer, pensa-t-elle, se sentant soudain ratatinée , vieillie, sans seins, la broyage, souffle, floraison du jour, dehors, par la fenêtre, hors de son corps et de son cerveau qui maintenant échouaient, puisque Lady Bruton, dont on disait que les déjeuners étaient extraordinairement amusants, ne le lui avait pas demandé.

Comme une religieuse qui se retire ou un enfant explorant une tour, elle montait à l'étage, s'arrêtait à la fenêtre, arrivait à la salle de bains. Il y avait le linoléum vert et un robinet qui coulait. Il y avait un vide au cœur de la vie ; une chambre mansardée. Les femmes doivent se débarrasser de leurs riches vêtements. A midi, ils doivent se déshabiller. Elle perça la pelote à épingles et posa son chapeau à plumes jaunes sur le lit. Les draps étaient propres, tendus en une large bande blanche d'un côté à l'autre. Son lit serait de plus en plus étroit. La bougie était à moitié consumée et elle avait lu profondément dans le livre du baron Marbot. *Mémoires* . Elle avait lu tard dans la nuit la retraite de Moscou. Car la Chambre siégea si longtemps que Richard insista, après sa maladie, pour qu'elle dorme tranquillement. Et en réalité, elle préférait lire le récit de la retraite de Moscou. Il le savait. La pièce était donc un grenier ; le lit est étroit ; et couchée là en train de lire, car elle dormait mal, elle ne pouvait dissiper une virginité conservée par l'accouchement qui s'accrochait à elle comme un drap. Belle dans son enfance, vint soudain un moment – par exemple sur la rivière sous les bois de Clieveden – où, à cause d'une contraction de cet esprit froid, elle l'avait laissé tomber. Et puis à Constantinople, et encore et encore. Elle pouvait voir ce qui lui manquait. Ce n'était pas la beauté ; ce n'était pas grave. C'était quelque chose de central qui imprégnait ; quelque chose de chaud qui brisait les surfaces et ondulait le contact froid de l'homme et de la femme, ou des femmes ensemble. Pour *cela,* elle pouvait vaguement le percevoir. Elle s'en voulait, avait un scrupule capté on ne sait où, ou, comme elle le sentait, envoyé par la nature (qui est invariablement sage) ; pourtant elle ne pouvait s'empêcher de céder parfois au charme d'une femme, non d'une fille, d'une femme avouant, comme on lui faisait souvent, quelque égratignure, quelque folie. Et que ce soit la pitié, ou leur beauté, ou le fait qu'elle soit plus âgée, ou quelque accident, comme une légère odeur, ou un violon à côté (si étrange est la puissance des sons à certains moments), elle ressentait alors sans doute ce que les hommes feutre. Seulement pour un instant ; mais c'était suffisant. C'était une révélation soudaine, une teinte comme une rougeur qu'on essayait de contenir et puis, à mesure qu'elle s'étendait, on cédait à son expansion, on se précipitait jusqu'au bord le plus éloigné et là on frémissait et on sentait le monde se rapprocher, gonflé d'une signification étonnante. , une certaine pression de ravissement, qui fendait sa fine peau et jaillissait et se déversait avec un soulagement extraordinaire sur les crevasses et les plaies ! Puis, à ce moment-là, elle avait vu une illumination ; une allumette brûlant dans un crocus ; un sens intérieur presque exprimé. Mais le proche se retira ; le dur ramolli. C'était fini, le moment. A de tels moments (avec des femmes aussi) contrastaient (en déposant son chapeau) le lit, le baron Marbot et la bougie à moitié allumée. Pendant que j'étais éveillé, le sol craquait ; la maison éclairée s'assombrit soudain, et si elle relevait la tête , elle entendait à peine le clic de la poignée relâchée le plus doucement possible par Richard, qui se glissait à l'étage en chaussettes puis, le plus souvent, laissait tomber sa bouillotte. et j'ai juré ! Comme elle a ri !

Mais cette question d'amour (pensa-t-elle en rangeant son manteau), de tomber amoureux des femmes. Prenez Sally Seton ; sa relation autrefois avec Sally Seton. N'était-ce pas, après tout, de l'amour ?

Elle s'assit par terre – c'était sa première impression de Sally – elle s'assit par terre, les bras autour de ses genoux, fumant une cigarette. Où aurait-il pu être ? Les Mannings ? Les Kinloch-Jones ? Lors d'une fête (où elle ne pouvait pas en être sûre), car elle se souvenait clairement d'avoir dit à l'homme avec qui elle était : « Qui est- *ce* ? Et il lui avait dit, et dit, que les parents de Sally ne s'entendaient pas (comme cela la choquait : que les parents de l'une d'elles se disputent !). Mais toute la soirée, elle ne put quitter Sally des yeux. C'était une beauté extraordinaire, celle qu'elle admirait le plus, brune, avec de grands yeux, avec cette qualité qu'elle enviait toujours, ne l'ayant pas elle-même, une sorte d'abandon, comme si elle pouvait tout dire, tout faire. ; qualité beaucoup plus courante chez les étrangères que chez les Anglaises. Sally disait toujours qu'elle avait du sang français dans les veines, qu'un ancêtre avait été avec Marie-Antoinette, qu'on lui avait coupé la tête et qu'il avait laissé un anneau de rubis. Peut-être cet été-là, elle est venue séjourner à Bourton, arrivant à l'improviste sans un sou en poche, un soir après le dîner, et bouleversant la pauvre tante Helena à tel point qu'elle ne lui a jamais pardonné. Il y avait eu une dispute à la maison. Elle n'avait littéralement pas un sou ce soir-là lorsqu'elle est venue les voir – elle avait mis en gage une broche pour descendre. Elle s'était enfuie avec colère. Ils restèrent assis toute la nuit à discuter. C'est Sally qui lui fit sentir, pour la première fois, à quel point la vie à Bourton était protégée. Elle ne connaissait rien au sexe, rien aux problèmes sociaux. Elle avait vu un jour un vieil homme tombé mort dans un champ ; elle avait vu des vaches juste après la naissance de leurs veaux. Mais tante Helena n'a jamais aimé discuter de quoi que ce soit (lorsque Sally lui donnait William Morris, il fallait l'envelopper dans du papier kraft).

Ils étaient là, heure après heure, à discuter dans sa chambre au sommet de la maison, à parler de la vie, de la façon dont ils allaient réformer le monde. Ils avaient l'intention de fonder une société pour abolir la propriété privée et firent effectivement écrire une lettre, mais elle ne fut pas envoyée. Les idées étaient celles de Sally, bien sûr – mais très vite elle fut tout aussi excitée – lire Platon au lit avant le petit déjeuner ; lisez Morris; lisez Shelley à l'heure.

Le pouvoir de Sally était incroyable, son don, sa personnalité. Par exemple, c'était sa façon de faire avec les fleurs. Chez Bourton, ils avaient toujours de petits vases raides tout le long de la table. Sally sortit, cueillit des roses trémières, des dahlias, toutes sortes de fleurs qu'on n'avait jamais vues ensemble, leur coupa la tête et les fit nager à la surface de l'eau dans des bols. L'effet était extraordinaire : rentrer dîner au coucher du soleil. (Bien sûr, tante Helena trouvait méchant de traiter les fleurs de la sorte.) Puis elle oublia son éponge et courut nue dans le couloir. Cette vieille servante sinistre, Ellen Atkins, grommelait : « Et si l'un de ces messieurs l'avait vu ? En effet, elle a choqué les gens. Elle était en désordre, dit papa.

Ce qui était étrange, en regardant en arrière, c'était la pureté, l'intégrité de ses sentiments pour Sally. Ce n'était pas comme si on éprouvait des sentiments pour un homme. C'était complètement désintéressé, et en plus, cela avait une qualité qui ne pouvait exister qu'entre femmes, entre femmes à peine grandes. C'était protecteur, de sa part ; naissait d'un sentiment de connivence, du pressentiment de quelque chose qui devait les séparer (ils parlaient toujours du mariage comme d'une catastrophe), qui conduisait à cette chevalerie, à ce sentiment protecteur qui était bien plus de son côté que de celui de Sally. Car à cette époque, elle était complètement imprudente ; fait les choses les plus idiotes par bravade ; je faisais du vélo autour du parapet de la terrasse ; cigares fumés. Absurde, elle était… très absurde. Mais le charme était irrésistible, du moins pour elle, si bien qu'elle se souvenait d'être debout dans sa chambre au sommet de la maison, tenant le bidon d'eau chaude dans ses mains et disant à haute voix : « Elle est sous ce toit... Elle est sous ce toit !

Non, ces mots ne signifiaient absolument plus rien pour elle désormais. Elle ne parvenait même pas à retrouver l'écho de ses anciennes émotions. Mais elle se souvenait d'être devenue froide d'excitation et de s'être coiffée dans une sorte d'extase (maintenant le vieux sentiment commençait à lui revenir, alors qu'elle sortait ses épingles à cheveux, les posait sur la coiffeuse, commençait à se coiffer).), avec les tours s'exhibant de haut en bas dans la lumière rose du soir, s'habillant, et descendant les escaliers, et sentant en traversant le couloir "si c'était maintenant pour mourir, ce serait maintenant le plus heureux". C'était son sentiment – le sentiment d'Othello, et elle le ressentait, elle en était convaincue, aussi fortement que Shakespeare voulait qu'Othello le ressente, tout cela parce qu'elle descendait dîner en robe blanche pour rencontrer Sally Seton !

Elle portait une gaze rose, était-ce possible ? Elle *semblait* , en tout cas, toute légère, luisante, comme un oiseau ou une boule d'air venue s'attacher un instant à une ronce. Mais rien n'est plus étrange quand on est amoureux (et qu'est-ce que c'était sinon être amoureux ?) que l'indifférence complète des autres. Tante Helena s'est éloignée après le dîner ; Papa a lu le journal. Peter Walsh aurait pu être là, ainsi que la vieille Miss Cummings ; Joseph Breitkopf l'était certainement, car il venait chaque été, un pauvre vieux, pendant des semaines et des semaines, et faisait semblant de lire l'allemand avec elle, mais en réalité il jouait du piano et chantait Brahms sans voix.

Tout cela n'était qu'un arrière-plan pour Sally. Elle était debout près de la cheminée et parlait, de cette belle voix qui faisait ressembler tout ce qu'elle disait à une caresse, à Papa, qui commençait à être attiré un peu contre son gré (il ne se lassait pas de lui prêter un de ses livres et de le trouver trempé de sueur). la terrasse), quand soudain elle dit : « Quel dommage de rester assise à l'intérieur ! et ils sortirent tous sur la terrasse et se promenèrent de long en large. Peter Walsh et Joseph Breitkopf ont parlé de Wagner. Elle et Sally ont pris un peu de retard. Puis vint le moment le plus exquis de sa vie en passant devant une urne en pierre contenant des fleurs. Sally s'arrêta ; cueilli une fleur; l'embrassa sur les lèvres. Le monde entier aurait pu basculer ! Les autres disparurent ; là, elle était seule avec Sally. Et elle avait l'impression qu'on lui avait offert un cadeau, emballé, et qu'on lui avait dit de le garder, de ne pas le regarder – un diamant, quelque chose d'infiniment précieux, emballé, qui, tandis qu'ils marchaient (de haut en bas, de haut en bas)), elle découvrait, ou le rayonnement brûlait, la révélation, le sentiment religieux ! — quand le vieux Joseph et Pierre leur faisaient face :

"Observer les étoiles?" dit Pierre.

C'était comme se frotter le visage contre un mur de granit dans l'obscurité ! C'était choquant ; c'était horrible!

Pas pour elle-même. Elle ressentait seulement à quel point Sally était déjà malmenée, maltraitée ; elle sentait son hostilité ; sa jalousie ; sa détermination à rompre avec leur compagnie. Elle voyait tout cela comme on voit un paysage dans un éclair – et Sally (jamais elle ne l'avait autant admirée !) avançait vaillamment, invaincue. Elle a ri. Elle faisait dire au vieux Joseph les noms des étoiles, ce qu'il aimait faire très sérieusement. Elle était là : elle écoutait. Elle entendit les noms des étoiles.

" Oh cette horreur!" se dit-elle, comme si elle avait toujours su que quelque chose allait interrompre, aigrir son moment de bonheur.

Mais après tout, combien elle lui devait plus tard. Chaque fois qu'elle pensait à lui, elle pensait à leurs querelles pour une raison quelconque – parce qu'elle désirait peut-être tellement sa bonne opinion. Elle lui devait des mots : «

sentimental », « civilisé » ; ils recommençaient chaque jour de sa vie comme s'il la gardait. Un livre était sentimental ; une attitude envers la vie sentimentale. « Sentimentale », peut-être devait-elle penser au passé. Que penserait-il, se demanda-t-elle, à son retour ?

Qu'elle avait vieilli ? Dirait-il cela, ou le verrait-elle penser, à son retour, qu'elle avait vieilli ? C'était vrai. Depuis sa maladie, elle était devenue presque blanche.

Posant sa broche sur la table, elle eut un soudain spasme, comme si, pendant qu'elle réfléchissait, les griffes glacées avaient eu le temps de se fixer en elle. Elle n'était pas encore vieille. Elle venait tout juste d'entrer dans sa cinquante-deuxième année. Des mois et des mois étaient encore intacts. Juin Juillet aout! Chacun restait encore presque entier, et, comme pour attraper la goutte qui tombait, Clarissa (se dirigeant vers la coiffeuse) s'enfonçait au cœur même de l'instant, le transperçait, là — l'instant de ce matin de juin sur lequel était la pression. de tous les autres matins, revoyant le verre, la coiffeuse et toutes les bouteilles, rassemblant tout son être à un moment donné (en regardant dans le verre), voyant le visage rose et délicat de la femme qui était si une soirée pour organiser une fête ; de Clarissa Dalloway; d'elle-même.

Combien de millions de fois avait-elle vu son visage, et toujours avec la même contraction imperceptible ! Elle pinça les lèvres en regardant dans le verre. C'était pour lui donner un visage. C'était elle-même ; en forme de fléchette; précis. C'était elle-même quand certains efforts, certains l'appelaient à être elle-même , rassemblaient les parties, elle seule savait à quel point elle était différente, combien incompatible et composée ainsi pour le monde seulement en un seul centre , un diamant, une femme qui était assise en elle. un salon et un point de rencontre, un rayonnement sans doute dans certaines vies ennuyeuses, un refuge pour les solitaires, peut-être ; elle avait aidé des jeunes qui lui en étaient reconnaissants ; elle avait essayé d'être toujours la même, sans jamais montrer le moindre signe de ses autres facettes : défauts, jalousies, vanités, soupçons, comme celui de Lady Bruton qui ne lui invitait pas à déjeuner ; ce qui, pensa-t-elle (en se peignant enfin les cheveux), est tout à fait ignoble ! Maintenant, où était sa robe ?

Ses robes du soir étaient accrochées dans le placard. Clarissa, plongeant sa main dans la douceur, détacha délicatement la robe verte et la porta jusqu'à la fenêtre. Elle l'avait déchiré. Quelqu'un avait marché sur la jupe. Elle l'avait senti céder lors de la fête de l'ambassade au sommet des rangs. À la lumière artificielle, le vert brillait, mais perdait maintenant sa couleur au soleil. Elle le réparerait. Ses servantes avaient trop à faire. Elle le porterait ce soir. Elle emmènerait ses soieries, ses ciseaux, son... qu'est-ce que c'était ?... son dé à coudre, bien sûr, dans le salon, car il lui fallait aussi écrire et veiller à ce que les choses soient plus ou moins en ordre en général.

Étrange, pensa-t-elle en s'arrêtant sur le palier et en assemblant cette forme de diamant, cette seule personne, étrange comme une maîtresse connaît l'instant même, l'atmosphère même de sa maison ! De faibles sons montaient en spirales dans le puits de l'escalier ; le bruissement d'une vadrouille; tapotement; cognement; un bruit lorsque la porte d'entrée s'est ouverte ; une voix répétant un message au sous-sol ; le craquement de l'argent sur un plateau ; de l'argent propre pour la fête. Tout était pour la fête.

(Et Lucy, entrant dans le salon avec son plateau tendu, posait les chandeliers géants sur la cheminée, le coffret d'argent au milieu, tournait le dauphin de cristal vers l'horloge. Ils venaient, ils se levaient, ils parlaient. dans les tons cinglants qu'elle pouvait imiter, mesdames et messieurs, sa maîtresse était la plus belle de toutes, maîtresse de l'argenterie, du linge, de la porcelaine , car le soleil, l'argenterie, les portes dégonflées, les hommes de Rumpelmayer, lui donnaient du sens. , alors qu'elle posait le coupe-papier sur la table marquetée, à propos de quelque chose d'accompli, dit-elle en parlant à ses vieux amis dans la boulangerie, où elle avait vu le service pour la première fois chez Caterham, en fouillant dans le verre. Lady Angela, assistant à la princesse Mary, quand arriva Mme Dalloway.)

"Oh Lucy," dit-elle, "l'argent est vraiment joli!"

"Et comment," dit-elle en tournant le dauphin de cristal pour qu'il se redresse, "comment avez-vous apprécié la pièce d'hier soir ?" "Oh, il fallait qu'ils partent avant la fin !" dit-elle. «Ils devaient être de retour à dix heures!» dit-elle. « Donc ils ne savent pas ce qui s'est passé », a-t-elle déclaré. « Cela ne semble pas avoir de chance », dit-elle (car ses serviteurs restaient plus tard, s'ils le lui demandaient). "Cela semble plutôt dommage", dit-elle en prenant le vieux coussin chauve au milieu du canapé et en le mettant dans les bras de Lucy, en la poussant un peu et en criant :

« Emportez-le ! Donnez-le à Mme Walker avec mes compliments ! Emportez-le ! elle a pleuré.

Et Lucy s'arrêta à la porte du salon, tenant le coussin, et dit très timidement, en devenant un peu rose : Ne pourrait- elle pas s'empêcher de raccommoder cette robe ?

Mais, dit Mme Dalloway, elle en avait déjà assez sur les bras, assez pour s'en passer.

"Mais merci, Lucy, oh, merci", dit Mme Dalloway, et merci, merci, continua-t-elle en disant (s'asseyant sur le canapé avec sa robe sur ses genoux, ses ciseaux, ses soies), merci, merci, continuait-elle en remerciant ses serviteurs en général de l'avoir aidée à être ainsi, à être ce qu'elle voulait, douce, généreuse. Ses serviteurs l'aimaient. Et puis sa robe – où était la déchirure ? et maintenant son aiguille à enfiler. C'était l' une des robes préférées de Sally Parker, la dernière qu'elle ait jamais confectionnée, hélas, car Sally était maintenant à la retraite et vivait à Ealing, et si jamais j'ai un moment, pensa Clarissa (mais elle n'en aurait plus jamais un moment).), j'irai la voir à Ealing. Car elle était un personnage, pensait Clarissa, une véritable artiste. Elle pensait à de petites choses insolites ; pourtant ses robes n'étaient jamais bizarres. Vous pourriez les porter à Hatfield ; au palais de Buckingham. Elle les avait portés à Hatfield ; au palais de Buckingham.

Le calme descendit sur elle, calme, contente, tandis que son aiguille, tirant doucement la soie jusqu'à sa douce pause, rassemblait les plis verts et les attachait, très légèrement, à la ceinture. Ainsi, un jour d'été, les vagues se rassemblent, se déséquilibrent et tombent ; ramasser et tomber; et le monde entier semble dire de plus en plus lourdement « c'est tout », jusqu'à ce que même le cœur dans le corps qui repose au soleil sur la plage dise aussi : « C'est tout ». N'ayez plus peur, dit le cœur. N'ayez plus peur, dit le cœur, confiant son fardeau à quelque mer, qui soupire collectivement pour toutes les peines, et renouvelle, commence, rassemble, laisse tomber. Et le corps seul écoute l'abeille qui passe ; la vague qui se brise ; le chien aboie, aboie et aboie au loin.

« Mon Dieu, la sonnette de la porte d'entrée ! » s'exclama Clarissa en retenant son aiguille. Réveillée, elle écouta.

"Mme. Dalloway me verra », dit le vieil homme dans le couloir. "Oh oui, elle *me* verra ", répéta-t-il en mettant Lucy de côté avec beaucoup de bienveillance et en courant à l'étage très rapidement. «Oui, oui, oui», marmonna-t-il en courant à l'étage. « Elle me verra. Après cinq ans en Inde, Clarissa me verra.

"Qui peut, qu'est-ce qui peut", a demandé Mme Dalloway (pensant que c'était scandaleux d'être interrompue à onze heures du matin le jour où elle donnait une fête), entendant un pas dans les escaliers. Elle entendit une main sur la porte. Elle faisait pour cacher sa robe, comme une vierge protégeant la chasteté, respectant l'intimité. Maintenant, le bouton en laiton a glissé. Maintenant, la porte s'ouvrit et entra – pendant une seule seconde, elle ne se rappela pas comment il s'appelait ! si surprise qu'elle était de le voir, si heureuse, si timide, si complètement interloquée de voir Peter Walsh venir la voir à l'improviste le matin ! (Elle n'avait pas lu sa lettre.)

"Et comment vas-tu?" » dit Peter Walsh, positivement tremblant ; lui prenant ses deux mains ; lui embrassant les deux mains. Elle a grandi, pensa-t-il en s'asseyant. Je ne lui en dirai rien, pensa-t-il, car elle a grandi. Elle me regarde, pensa-t-il, soudain embarrassé, alors qu'il lui avait baisé les mains. Mettant la main dans sa poche, il en sortit un grand couteau de poche et entrouvrit la lame.

Exactement la même chose, pensa Clarissa ; le même air bizarre; le même costume à carreaux ; Son visage est un peu déformé, un peu plus maigre, plus sec peut-être, mais il a l'air terriblement bien, et quand même.

« Comme c'est paradisiaque de vous revoir ! » s'exclama-t-elle. Il avait sorti son couteau. Cela lui ressemble tellement, pensa-t-elle.

Il n'était arrivé en ville qu'hier soir, dit-il ; il faudrait descendre immédiatement à la campagne ; et comment ça s'est passé, comment ça s'est passé pour tout le monde... Richard ? Elisabeth ?

"Et qu'est-ce que c'est que tout ça ?" dit-il en inclinant son canif vers sa robe verte.

Il est très bien habillé, pensa Clarissa ; pourtant il critique toujours *moi* .

La voici raccommodant sa robe ; raccommoder sa robe comme d'habitude, pensa-t-il ; ici, elle était assise tout le temps que j'étais en Inde ; raccommoder sa robe; jouer; Aller à des soirées; courir à la Maison et revenir et tout ça, pensa-t-il, devenant de plus en plus irrité, de plus en plus agité, car il n'y a rien au monde de plus mauvais pour certaines femmes que le mariage, pensa-t-il ; et la politique ; et avoir un mari conservateur, comme l'admirable Richard. C'est ainsi, c'est ainsi, pensa-t-il en fermant son couteau d'un coup sec.

« Richard va très bien. Richard participe à un comité », a déclaré Clarissa.

Et elle ouvrit ses ciseaux et dit : est-ce que cela lui dérangeait de finir ce qu'elle était en train de faire à sa robe, car ils avaient une fête ce soir-là ?

"Ce que je ne vous demanderai pas", dit-elle. « Mon cher Pierre ! dit-elle.

Mais c'était délicieux de l'entendre dire cela, mon cher Peter ! En effet, tout était si délicieux : l'argenterie, les chaises ; tout cela est si délicieux !

Pourquoi ne l'inviterait-elle pas à sa fête ? Il a demandé.

Bien sûr, pensa Clarissa, il est enchanteur ! parfaitement enchanteur ! Maintenant, je me souviens combien il m'a été impossible de me décider – et pourquoi ai-je décidé – de ne pas l'épouser ? se demanda-t-elle, cet horrible été ?

"Mais c'est tellement extraordinaire que tu aurais dû venir ce matin !" s'écria-t-elle en posant ses mains l'une sur l'autre sur sa robe.

« Vous souvenez-vous, dit-elle, de la façon dont les stores claquaient à Bourton ?

«Ils l'ont fait», dit-il; et il se rappelait avoir déjeuné seul, très maladroitement, avec son père ; qui était mort; et il n'avait pas écrit à Clarissa. Mais il ne s'était jamais bien entendu avec le vieux Parry, ce vieil homme grincheux et faible, le père de Clarissa, Justin Parry.

«J'aurais souvent aimé m'entendre mieux avec ton père», dit-il.

« Mais il n'a jamais aimé ceux qui… nos amis », dit Clarissa ; et aurait pu se mordre la langue pour avoir ainsi rappelé à Peter qu'il avait voulu l'épouser.

Bien sûr que oui, pensa Peter ; ça m'a presque brisé le cœur aussi, pensa-t-il ; et fut accablé par son propre chagrin, qui se levait comme une lune regardée depuis une terrasse, d'une beauté épouvantable avec la lumière du jour englouti. J'étais plus malheureux que je ne l'ai jamais été depuis, pensa-t-il. Et comme s'il était en vérité assis là sur la terrasse, il se dirigea un peu vers Clarissa ; tendez la main; l'a soulevé; Laisse tomber. Là, au-dessus d'eux, elle était suspendue, cette lune. Elle aussi semblait assise avec lui sur la terrasse, au clair de lune.

"Herbert l'a maintenant", dit-elle. «Je n'y vais plus jamais maintenant», dit-elle.

Puis, comme cela arrive sur une terrasse au clair de lune, lorsque l'un commence à avoir honte de s'ennuyer déjà, et pourtant, tandis que l'autre reste assis, silencieux, très silencieux, regardant tristement la lune, n'aime pas parler, bouge son pied, s'éclaircit la gorge, remarque un rouleau de fer sur un pied de table, remue une feuille, mais ne dit rien – c'est ce que Peter Walsh fit maintenant. Car pourquoi revenir ainsi dans le passé ? il pensait. Pourquoi lui faire repenser à cela ? Pourquoi le faire souffrir, alors qu'elle l'avait torturé de manière si infernale ? Pourquoi?

"Tu te souviens du lac?" » dit-elle d'une voix brusque, sous la pression d'une émotion qui lui prit le cœur, raidit les muscles de sa gorge et contracta ses lèvres dans un spasme en disant « lac ». Car elle était une enfant, jetant du pain aux canards, entre ses parents, et en même temps une femme adulte venant vers ses parents qui se tenaient au bord du lac, tenant sa vie dans ses bras qui, à mesure qu'elle s'approchait d'eux, grandissaient et plus grand dans ses bras, jusqu'à ce que cela devienne une vie entière, une vie complète, qu'elle a déposée auprès d'eux et a dit : « Voilà ce que j'en ai fait ! Ce!" Et qu'en avait-elle fait ? Quoi, en effet ? assis là à coudre ce matin avec Peter.

Elle regarda Peter Walsh ; son regard, traversant tout ce temps et cette émotion, lui parvenait dubitativement ; s'installa sur lui en larmes ; et il s'éleva et s'envola, comme un oiseau touche une branche et s'élève et s'envole. Elle s'essuya tout simplement les yeux.

"Oui", dit Pierre. "Oui, oui, oui", dit-il, comme si elle remontait à la surface quelque chose qui le blessait positivement à mesure qu'il montait. Arrêt! Arrêt! il avait envie de pleurer. Car il n'était pas vieux ; sa vie n'était pas finie ; pas du tout. Il avait à peine plus de cinquante ans. Dois-je lui dire, pensa-t-il, ou pas ? Il aimerait faire la part belle à tout cela. Mais elle a trop froid, pensa-t-il ; coudre, avec ses ciseaux ; Daisy aurait l'air ordinaire à côté de Clarissa. Et elle me considérerait comme un raté, ce que je suis selon eux, pensa-t-il ; dans le sens des Dalloways . Oh oui, il n'en avait aucun doute ; c'était un échec, comparé à tout cela – la table marquetée, le coupe-papier monté, le dauphin et les chandeliers, les housses de chaises et les vieilles estampes teintées anglaises de valeur – c'était un échec ! Je déteste la suffisance de toute cette affaire, pensait-il ; C'est Richard, pas Clarissa ; sauf qu'elle l'a épousé. (Voici Lucy entra dans la pièce, portant de l'argenterie, encore de l'argenterie, mais elle avait l'air charmante, svelte, gracieuse, pensa-t-il en se baissant pour la poser.) Et cela dure tout le temps ! il pensait; semaine après semaine ; la vie de Clarissa ; pendant que je… pensait-il ; et aussitôt tout semblait rayonner de lui ; voyages; monte; querelles; aventures; fêtes de bridge; histoires d'amour; travail; Travail, travail! et il sortit ouvertement son couteau – son vieux couteau à manche en corne que Clarissa aurait juré qu'il possédait depuis trente ans – et serra le poing dessus.

Quelle habitude extraordinaire, pensa Clarissa ; je joue toujours avec un couteau. On se sent toujours frivole ; l'esprit vide; un simple bavard idiot, comme il avait l'habitude. Mais moi aussi, pensa-t-elle, et, prenant son aiguille, elle appela, comme une reine dont les gardes se sont endormis et l'ont laissée sans protection (elle avait été assez interloquée par cette visite, elle l'avait bouleversée) pour que chacun puisse se promener. entrez et regardez-la où elle repose avec les ronces courbées au-dessus d'elle, appelez à son aide les choses qu'elle a faites ; les choses qu'elle aimait ; son mari; Élisabeth ; en bref , ce que Peter connaissait à peine maintenant, tout pour venir à elle et repousser l'ennemi.

"Eh bien, et qu'est-ce qui t'est arrivé ?" dit-elle. Ainsi, avant qu'une bataille ne commence, les chevaux piaffent le sol ; jeter la tête; la lumière brille sur leurs flancs ; leur cou se courbe. Alors Peter Walsh et Clarissa, assis côte à côte sur le canapé bleu, se sont lancés un défi. Ses pouvoirs l'irritaient et s'agitaient en lui. Il rassemblait de différents côtés toutes sortes de choses ; louer; sa carrière à Oxford ; son mariage, dont elle ne savait absolument rien ; comment il avait aimé ; et dans l'ensemble, il a fait son travail.

« Des millions de choses ! » s'écria-t-il, et, poussé par l'assemblée des puissances qui chargeaient maintenant de-ci de-là et lui donnaient le sentiment à la fois effrayant et extrêmement exaltant d'être précipité dans les airs sur les épaules de gens qu'il ne pouvait plus voir, il leva son bras. les mains sur son front.

Clarissa était assise très droite ; elle inspira.

"Je suis amoureux", dit-il, non pas à elle cependant, mais à quelqu'un élevé dans l'obscurité pour que vous ne puissiez pas la toucher mais que vous deviez poser votre guirlande sur l'herbe dans l'obscurité.

« En amour », répéta-t-il, s'adressant maintenant plutôt sèchement à Clarissa Dalloway ; "amoureux d'une fille en Inde." Il avait déposé sa guirlande. Clarissa pouvait en faire ce qu'elle voulait.

"Amoureux!" dit-elle. Qu'à son âge, il devrait se faire aspirer dans son petit nœud papillon par ce monstre ! Et il n'y a pas de chair sur son cou ; ses mains sont rouges ; et il a six mois de plus que moi ! son œil lui revint ; mais dans son cœur elle sentait quand même qu'il était amoureux. Il a cela, sentit-elle ; il est amoureux.

Mais l'égoïsme indomptable qui dévale à jamais les armées qui lui sont opposées, le fleuve qui dit : continuez, continuez ; même si, admet-il, il n'y a peut-être aucun but pour nous, toujours d'actualité ; cet égoïsme indomptable chargeait ses joues de couleurs ; la faisait paraître très jeune; très rose ; les yeux très brillants, assise avec sa robe sur ses genoux, et son aiguille tenue au bout de la soie verte, tremblante un peu. Il était amoureux ! Pas avec elle. Avec une femme plus jeune, bien sûr.

"Et qui est-elle?" elle a demandé.

Il faut maintenant que cette statue soit amenée de sa hauteur et déposée entre eux.

« Une femme mariée, malheureusement, dit-il ; "l'épouse d'un major de l'armée indienne."

Et avec une curieuse douceur ironique, il sourit en la plaçant de cette manière ridicule devant Clarissa.

(Il est quand même amoureux, pensa Clarissa.)

« Elle a, continua-t-il très raisonnablement, deux jeunes enfants ; un garçon et une fille; et je suis venu voir mes avocats au sujet du divorce.

Ils sont là! il pensait. Fais ce que tu veux avec eux, Clarissa ! Ils sont là! Et seconde après seconde, il lui semblait que l'épouse du major de l'armée indienne (sa Daisy) et ses deux jeunes enfants devenaient de plus en plus adorables à mesure que Clarissa les regardait ; comme s'il avait allumé une boulette grise sur une assiette et qu'un bel arbre s'était élevé dans l'air frais et salé de leur intimité (car d'une certaine manière personne ne le comprenait, ne ressentait avec lui, comme Clarissa) - leur intimité exquise.

Elle le flattait ; elle l'a trompé, pensa Clarissa ; façonner la femme, l'épouse du major de l'armée indienne, en trois coups de couteau. Quel gâchis! Quelle folie ! Toute sa vie, Peter avait été trompé ainsi ; d'abord envoyé d'Oxford; ensuite épouser la fille sur le bateau qui partait pour l'Inde ; maintenant épouse d'un major de l'armée indienne – Dieu merci, elle avait refusé de l'épouser ! Pourtant, il était amoureux ; son vieil ami, son cher Peter, il était amoureux.

"Mais qu'est-ce que tu vas faire?" elle lui a demandé. Oh, les avocats et les solicitors, MM. Hooper et Grateley de Lincoln's Inn, ils allaient le faire, a-t-il dit. Et il s'est effectivement coupé les ongles avec son canif.

Pour l'amour du ciel, laissez votre couteau tranquille ! s'écria-t-elle avec une irritation irrépressible ; c'était son ridicule non-conformisme, sa faiblesse ; son absence du fantôme d'une idée de ce que quelqu'un d' autre ressentait, ce qui l'ennuyait, l'avait toujours ennuyée ; et maintenant, à son âge, comme c'est bête !

Je sais tout cela, pensa Peter ; Je sais à quoi je suis confronté, pensa-t-il en passant son doigt sur la lame de son couteau, Clarissa et Dalloway et tous les autres ; mais je vais le montrer à Clarissa – et puis, à sa grande surprise, soudainement projeté par ces forces incontrôlables projetées dans les airs, il fondit en larmes ; pleuré; pleurait sans la moindre honte, assis sur le canapé, les larmes coulant sur ses joues.

Et Clarissa s'était penchée en avant, lui avait pris la main, l'avait attiré vers elle, l'avait embrassé ; en fait, elle avait senti son visage sur le sien avant qu'elle ait pu descendre le brandissement d'éclairs argentés – des panaches comme l'herbe de la pampa dans un vent tropical dans sa poitrine, qui, s'apaisant, la laissa lui tenir la main, lui tapotant le genou et, se sentant extraordinairement à l'aise avec lui et légère, tout dans un applaudissement, cela lui vint, Si je l'avais épousé, cette gaieté aurait été la mienne. toute la journée!

C'était fini pour elle. Le drap était tendu et le lit étroit. Elle était montée seule dans la tour et les avait laissés mûrir au soleil. La porte s'était fermée, et là, parmi la poussière de plâtre tombé et les détritus des nids d'oiseaux, comme la vue avait paru lointaine, et les sons étaient faibles et glacials (une fois à Leith Hill, se souvenait-elle), et Richard, Richard ! » a-t-elle crié, alors qu'un dormeur dans la nuit sursaute et tend la main dans le noir pour demander de l'aide. En déjeunant avec Lady Bruton, cela lui revint. Il m'a quitté ; Je suis seule pour toujours , pensa-t-elle en croisant les mains sur ses genoux.

Peter Walsh s'était levé, s'était dirigé vers la fenêtre et lui tournait le dos, agitant un mouchoir bandana d'un côté à l'autre. Il avait l'air magistral, sec et désolé, ses fines omoplates soulevant légèrement son manteau ; se moucher violemment. Emmenez-moi avec vous, pensa impulsivement Clarissa, comme s'il partait directement pour un grand voyage ; et puis, l'instant d'après, c'était comme si les cinq actes d'une pièce qui avait été très excitante et émouvante étaient maintenant terminés et qu'elle y avait vécu toute sa vie et s'était enfuie, avait vécu avec Peter, et c'était maintenant fini.

Il était maintenant temps de bouger, et, comme une femme rassemble ses affaires, son manteau, ses gants, ses jumelles, et se lève pour sortir du théâtre dans la rue, elle se leva du canapé et se dirigea vers Pierre. .

Et c'était terriblement étrange, pensa-t-il, qu'elle ait encore le pouvoir, lorsqu'elle arrivait en tintant, en bruissant, qu'elle ait encore le pouvoir lorsqu'elle traversa la pièce, de faire lever la lune, qu'il détestait, à Bourton sur la terrasse de le ciel d'été.

«Dis-moi » , dit-il en la saisissant par les épaules. « Es-tu heureuse, Clarissa ? Est-ce que Richard… »

La porte s'ouvrit.

«Voici mon Elizabeth», dit Clarissa, avec émotion, peut-être de manière histrionique.

« Comment ça va ? » » dit Elizabeth en s'avançant.

Le son de Big Ben sonnant la demi-heure résonnait entre eux avec une vigueur extraordinaire , comme si un jeune homme fort, indifférent, inconsidéré balançait des haltères d'un côté et de l'autre.

"Bonjour, Elisabeth!" s'écria Peter en mettant son mouchoir dans sa poche, s'approchant rapidement d'elle, lui disant « Au revoir, Clarissa » sans la regarder, quittant vivement la pièce, descendant en courant et ouvrant la porte du couloir.

« Pierre ! Pierre ! » s'écria Clarissa en le suivant jusqu'au palier. « Ma fête ce soir ! Souviens-toi de ma fête de ce soir ! » » s'écria-t-elle, devant élever la voix contre le bruit du plein air, et, accablée par le trafic et le bruit de toutes les horloges, sa voix criant : « Souviens-toi de ma fête de ce soir ! » semblait frêle, maigre et très lointain lorsque Peter Walsh ferma la porte.

Souvenez-vous de ma fête, souvenez-vous de ma fête, a déclaré Peter Walsh en descendant la rue, se parlant en rythme, au rythme du flux sonore, le son direct et direct de Big Ben sonnant la demi-heure. (Les cercles de plomb se dissolvèrent dans l'air.) Oh ces fêtes, pensa-t-il ; Les fêtes de Clarissa. Pourquoi donne-t-elle ces fêtes, pensa-t-il. Non pas qu'il lui en voulait, ni à elle ni à cette effigie d'homme en frac avec un œillet à la boutonnière qui s'avançait vers lui. Une seule personne au monde pouvait être comme elle, amoureuse. Et il était là, cet homme chanceux, lui-même, reflété dans la vitre d'un constructeur automobile de Victoria Street. Toute l'Inde était derrière lui ; plaines, montagnes ; épidémies de choléra ; un district deux fois plus grand que l'Irlande ; des décisions auxquelles il était parvenu seul – lui, Peter Walsh ; qui était maintenant vraiment, pour la première fois de sa vie, amoureux. Clarissa était devenue dure, pensa-t-il ; et un peu sentimental en plus, soupçonna-t-il, en regardant les grandes automobiles capables de faire – combien de kilomètres sur combien de gallons ? Car il avait un penchant pour la mécanique ; Il avait inventé une charrue dans son quartier, avait commandé des brouettes en Angleterre, mais les coolies ne voulaient pas les utiliser, ce dont Clarissa ne savait absolument rien.

La façon dont elle disait : « Voici mon Elizabeth ! » – cela l'ennuyait. Pourquoi ne pas simplement « Voici Elizabeth » ? Ce n'était pas sincère. Et Elizabeth n'aimait pas ça non plus. (Encore les derniers tremblements de la grande voix retentissante secouaient l'air autour de lui ; la demi-heure ; encore tôt ; seulement onze heures et demie encore.) Car il comprenait les jeunes ; il les aimait. Il y avait toujours quelque chose de froid chez Clarissa, pensa-t-il. Elle a toujours eu, même lorsqu'elle était petite fille, une sorte de timidité qui, à l'âge mûr, devient une convention, et puis c'est fini, tout est fini, pensa-t-il en regardant d'un air un peu morne les profondeurs vitreuses et se demandant si en appelant à cette heure-là il l'avait ennuyée; submergé de honte soudain d'avoir été un imbécile ; pleuré; été émotif; je lui ai tout dit, comme d'habitude, comme d'habitude.

Alors qu'un nuage traverse le soleil, le silence tombe sur Londres ; et tombe dans l'esprit. L'effort cesse. Le temps bat sur le mât. Là, nous nous arrêtons ; nous voilà. Rigide, le squelette de l'habitude soutient seul la structure humaine. Là où il n'y a rien, se disait Peter Walsh ; se sentir vidé, complètement vide intérieurement. Clarissa m'a refusé, pensa-t-il. Il restait là à penser : Clarissa m'a refusé.

Ah, dit Sainte-Marguerite, comme une hôtesse qui entre dans son salon à l'heure juste et y trouve déjà ses invités. Je ne suis pas en retard. Non, il est onze heures et demie précises, dit-elle. Pourtant, même si elle a parfaitement raison, sa voix, étant celle de l'hôtesse, hésite à imposer son individualité. Un certain chagrin pour le passé le retient ; une certaine inquiétude pour le présent. Il est onze heures et demie, dit-elle, et le son de Sainte-Marguerite se glisse dans les recoins du cœur et s'enfonce en sonneries après sonneries, comme quelque chose de vivant qui veut se confier, se disperser, être, avec un frémissement de joie, au repos – comme Clarissa elle-même, pensa Peter Walsh, descendant les escaliers au coup de l'heure en blanc. C'est Clarissa elle-même, pensa-t-il avec une profonde émotion et un souvenir extraordinairement clair, mais déroutant, d'elle, comme si cette cloche était entrée dans la pièce il y a des années, où ils étaient assis à un moment de grande intimité, et était partie. de l'un à l'autre et était parti, comme une abeille avec du miel, chargé de l'instant. Mais quelle pièce ? A quel moment ? Et pourquoi avait-il été si profondément heureux lorsque l'horloge sonnait ? Puis, alors que le son de Sainte Marguerite languissait, il pensa : Elle a été malade, et le son exprimait la langueur et la souffrance. C'était son cœur, se souvint-il ; et le bruit soudain du coup final sonna la mort qui surprit, au milieu de sa vie, Clarissa tombant là où elle se trouvait, dans son salon. Non! Non! il pleure. Elle n'est pas morte ! Je ne suis pas vieux, s'écria-t-il, et il parcourut Whitehall, comme si son avenir lui roulait, vigoureux et sans fin.

Il n'était ni vieux, ni figé, ni séché du tout. Quant à ce qu'ils disaient de lui – les Dalloway , les Whitbread et leur groupe –, il ne s'en souciait pas du tout – pas du tout (même s'il était vrai qu'il lui faudrait, un moment ou un autre, voir si Richard ne pouvait pas s'empêcher de le faire). lui à un travail). A grands pas, regardant fixement, il regarda la statue du duc de Cambridge. Il avait été envoyé d'Oxford, c'est vrai. Il avait été socialiste, en un certain sens un échec, c'est vrai. Pourtant , pensait-il, l'avenir de la civilisation est entre les mains de jeunes hommes comme celui-là ; de jeunes hommes comme il l'était, il y a trente ans ; avec leur amour des principes abstraits ; leur faire envoyer des livres depuis Londres jusqu'à un sommet de l'Himalaya ; lire des sciences; lire la philosophie. L'avenir est entre les mains de ces jeunes hommes, pensait-il.

Un crépitement semblable au crépitement des feuilles dans un bois venait de derrière, et avec lui un bruissement, un bruit sourd régulier, qui, en le rattrapant, tambourinait ses pensées, au pas strict, jusqu'à Whitehall, sans qu'il le fasse. Des garçons en uniforme, armés de fusils, marchaient les yeux devant eux, marchaient, les bras raides, et sur le visage une expression comme les lettres d'une légende écrites autour de la base d'une statue louant le devoir, la gratitude, la fidélité, l'amour de l'Angleterre. .

C'est, pensa Peter Walsh, commençant à suivre leur rythme, une très belle formation. Mais ils n'avaient pas l'air robustes. C'étaient des mauvaises herbes pour la plupart, des garçons de seize ans, qui pourraient, demain, se tenir debout derrière des bols de riz, des pains de savon sur les comptoirs. Maintenant, ils portaient sur eux, sans mélange de plaisir sensuel ni de préoccupations quotidiennes, la solennité de la couronne qu'ils avaient apportée de Finsbury Pavement au tombeau vide. Ils avaient prononcé leur vœu. La circulation la respectait ; les fourgons ont été arrêtés.

Je ne peux pas les suivre, pensa Peter Walsh, alors qu'ils marchaient vers Whitehall, et bien sûr, ils continuèrent à marcher, devant lui, devant tout le monde, à leur manière régulière, comme si l'on voulait travailler les jambes

et les bras uniformément, et la vie, avec ses variétés, ses irréticences , avait
été déposée sous un pavé de monuments et de couronnes et droguée par la
discipline pour en faire un cadavre raide mais regardant fixement. Il fallait le
respecter ; on pourrait rire ; mais il fallait le respecter, pensait-il. Les voilà,
pensa Peter Walsh en s'arrêtant au bord du trottoir ; et toutes les statues
exaltées, Nelson, Gordon, Havelock, le noir, les images spectaculaires de
grands soldats se tenaient devant eux, comme si eux aussi avaient fait le
même renoncement (Peter Walsh sentait que lui aussi avait réussi, le grand
renoncement). , piétiné sous les mêmes tentations, et obtint enfin un regard
de marbre. Mais le regard que Peter Walsh ne voulait pas du tout pour lui-
même ; bien qu'il puisse le respecter chez les autres. Il pouvait le respecter
chez les garçons. Ils ne connaissent pas encore les troubles de la chair, pensa-
t-il, tandis que les jeunes gens en marche disparaissaient en direction du
Strand — tout ce que j'ai enduré, pensa-t-il en traversant la route et en se
tenant sous la statue de Gordon, que Gordon lorsqu'il était enfant, il avait
adoré ; Gordon se tenait seul, une jambe levée et les bras croisés, — pauvre
Gordon, pensa-t-il.

Et justement parce que personne ne savait encore qu'il était à Londres, à
l'exception de Clarissa, et que la terre, après le voyage, lui semblait encore
une île, l'étrangeté de se trouver seul, vivant, inconnu, à onze heures et demie
à Trafalgar Square l'envahit. Qu'est-ce que c'est? Où suis-je? Et pourquoi,
après tout, fait-on cela ? pensa-t-il, le divorce semblant être un clair de lune.
Et son esprit s'aplatit comme un marais, et trois grandes émotions
l'envahirent ; compréhension; une vaste philanthropie ; et enfin, comme le
résultat des autres, un délice irrépressible et exquis ; comme si dans son
cerveau, par une autre main, des ficelles étaient tirées, des volets bougés, et
que lui, n'ayant rien à voir avec cela, se tenait pourtant à l'ouverture d'avenues
sans fin, le long desquelles s'il le voulait , il pouvait se promener. Il ne s'était
pas senti aussi jeune depuis des années.

Il s'était échappé ! était totalement libre – comme cela arrive dans la chute de
l'habitude lorsque l'esprit, comme une flamme non gardée, s'incline et semble
sur le point de s'échapper de son emprise. Je ne me suis pas senti aussi jeune
depuis des années ! pensa Peter, s'échappant (seulement pendant une heure
ou deux bien sûr) d'être exactement ce qu'il était, et se sentant comme un
enfant qui court dehors et voit, pendant qu'il court, sa vieille nourrice faire
signe à la mauvaise fenêtre. Mais elle est extraordinairement attirante, pensa-
t-il, alors que, traversant Trafalgar Square en direction de Haymarket, arrivait
une jeune femme qui, en passant devant la statue de Gordon, semblait, pensa
Peter Walsh (aussi susceptible qu'il soit), jeter voile après voile. , jusqu'à ce
qu'elle devienne la femme même qu'il avait toujours eu en tête ; jeune, mais
majestueux; joyeux, mais discret; noir, mais enchanteur.

Se redressant et tripotant furtivement son canif, il partit après elle pour suivre cette femme, cette excitation qui semblait même lui tourner le dos jeter sur lui une lumière qui les liait, qui le distinguait, comme si le brouhaha aléatoire du la circulation avait murmuré entre ses mains creuses son nom, non pas Peter, mais son nom privé qu'il appelait lui-même dans ses propres pensées. « Toi », dit-elle, seulement « toi », en le disant avec ses gants blancs et ses épaules. Puis le long manteau mince que le vent remuait alors qu'elle passait devant la boutique Dent dans Cockspur Street s'envola avec une bonté enveloppante, une tendresse lugubre, comme des bras qui s'ouvriraient et prendraient le fatigué...

Mais elle n'est pas mariée ; elle est jeune; très jeune, pensa Peter, l'œillet rouge qu'il l'avait vue porter lorsqu'elle traversait Trafalgar Square brûlait à nouveau dans ses yeux et rendait ses lèvres rouges. Mais elle a attendu au bord du trottoir . Il y avait une dignité chez elle. Elle n'était pas mondaine, comme Clarissa ; pas riche, comme Clarissa. Était-elle, se demanda-t-il alors qu'elle bougeait, respectable ? Plein d'esprit, avec une langue vacillante de lézard, pensait-il (car il faut inventer, il faut se permettre un peu de diversion), un esprit calme et attendant, un esprit vif ; pas bruyant.

Elle a déménagé; elle a traversé ; il l'a suivie. L'embarrasser était la dernière chose qu'il souhaitait. Pourtant, si elle s'arrêtait, il dirait «Viens prendre une glace», dirait-il, et elle répondrait parfaitement simplement: «Oh oui».

Mais d'autres personnes se sont mises entre eux dans la rue, le gênant, l'effaçant. Il poursuivit ; elle a changé. Ses joues étaient colorées ; la moquerie dans ses yeux ; c'était un aventurier, téméraire, pensait-il, rapide, audacieux, voire (débarqué comme il l'était la nuit dernière des Indes) un boucanier romantique, insouciant de toutes ces foutues convenances, robes de chambre jaunes, pipes, cannes à pêche, dans le magasin. les fenêtres; et la respectabilité et les soirées et les vieillards en épinette portant des combinaisons blanches sous leurs gilets. C'était un boucanier. Elle allait encore et encore, traversant Piccadilly et remontant Regent Street, devant lui, son manteau, ses gants, ses épaules se combinant avec les franges, les lacets et les boas de plumes aux fenêtres pour créer l'esprit de parure et de fantaisie qui s'amenuisait. des magasins sur le trottoir, comme la lumière d'une lampe vacille la nuit sur les haies dans l'obscurité.

Riante et ravissante, elle avait traversé Oxford Street et Great Portland Street et tourné dans une des petites rues, et maintenant, et maintenant, le grand moment approchait, car maintenant elle se détendait, ouvrit son sac et, avec un regard dans sa direction. , mais pas sur lui, un regard qui disait adieu, résumait toute la situation et la rejetait triomphalement, pour toujours , avait mis sa clé, avait ouvert la porte et était partie ! La voix de Clarissa disant : Souviens-toi de ma fête, Souviens-toi de ma fête, chantait à ses oreilles. La maison était une de ces maisons plates et rouges, avec des paniers de fleurs suspendus d'une vague inconvenance. C'était fini.

Eh bien, je me suis bien amusé ; J'en ai assez, pensa-t-il en levant les yeux vers les paniers de géraniums pâles qui se balançaient. Et il fut réduit en miettes – ce qui était amusant, car il était à moitié inventé, comme il le savait très bien ; inventée, cette escapade avec la jeune fille ; maquillé, comme on compose la meilleure partie de la vie, pensa-t-il – se maquiller ; la maquiller; créer un divertissement exquis, et quelque chose de plus. Mais c'était étrange et tout à fait vrai ; tout cela, personne ne pourrait jamais le partager – il s'est brisé en atomes.

Il a tourné; J'ai remonté la rue, pensant trouver un endroit où m'asseoir, jusqu'à ce qu'il soit temps pour Lincoln's Inn – pour MM. Hooper et Grateley . Où doit-il aller ? Peu importe. Remontez ensuite la rue en direction de Regent's Park. Ses bottes sur le trottoir marquaient « peu importe » ; car il était tôt, très tôt encore.

C'était aussi une magnifique matinée. Comme le pouls d'un cœur parfait, la vie frappait les rues. Il n'y a eu aucun tâtonnement, aucune hésitation. Balayant et faisant des embardées, avec précision, ponctuellement, sans bruit, là, précisément au bon moment, l'automobile s'arrêta devant la porte. La jeune fille, aux bas de soie, à plumes, évanescente, mais pas particulièrement attirante pour lui (car il avait eu son aventure), descendit. Admirables majordomes, chow dogs fauves, couloirs disposés en losanges noirs et blancs avec des stores blancs gonflés, Peter voyait à travers la porte ouverte et approuvait. Une réalisation splendide à sa manière, après tout, Londres ; la saison; civilisation . Issu d'une respectable famille anglo-indienne qui, depuis au moins trois générations, avait administré les affaires d'un continent (c'est étrange, pensa-t-il, quel sentiment j'ai à ce sujet, n'aimant pas l'Inde, l'empire et l'armée comme lui).), il y avait des moments où la civilisation , même de cette sorte, lui paraissait chère en tant que possession personnelle ; moments de fierté en Angleterre ; chez les majordomes; chiens de bouffe; les filles dans leur sécurité. C'est assez ridicule, mais c'est toujours là, pensa-t-il. Et les médecins et les hommes d'affaires et les femmes capables vaquant tous à leurs occupations, ponctuels, alertes, robustes, lui semblaient tout à fait admirables, bons gars, à qui on confierait sa vie, compagnons dans l'art de vivre, qui verraient un à travers. Entre deux choses, le spectacle était vraiment très supportable ; et il s'asseyait à l'ombre et fumait.

Il y avait Regent's Park. Oui. Enfant, il s'était promené dans Regent's Park – étrange, pensa-t-il, comme l'idée de l'enfance me revient sans cesse – le résultat de sa rencontre avec Clarissa, peut-être ; car les femmes vivent bien plus dans le passé que nous, pensa-t-il. Ils s'attachent aux lieux ; et leurs pères – une femme est toujours fière de son père. Bourton était un endroit agréable, un endroit très agréable, mais je ne pourrais jamais m'entendre avec le vieil homme, pensa-t-il. Il y avait toute une scène une nuit – une dispute à propos de quelque chose ou d'autre, quoi, il ne s'en souvenait pas. La politique sans doute.

Oui, il se souvenait de Regent's Park ; la longue marche droite ; la petite maison où l'on achetait des ballons à gauche ; une statue absurde avec une inscription quelque part. Il chercha une place libre. Il ne voulait pas être dérangé (se sentant un peu somnolent) par les gens qui lui demandaient l'heure. Une vieille infirmière grise, avec un bébé endormi dans sa poussette – c'était le mieux qu'il pouvait faire pour lui-même ; asseyez-vous à l'extrémité du siège à côté de cette infirmière.

C'est une fille à l'air bizarre, pensa-t-il, se souvenant soudain d'Elizabeth alors qu'elle entrait dans la pièce et se tenait à côté de sa mère. Devenu grand; assez adulte, pas vraiment joli ; plutôt beau ; et elle ne peut pas avoir plus de dix-huit ans. Elle ne s'entend probablement pas avec Clarissa. « Voilà mon Elizabeth » – ce genre de chose – pourquoi pas simplement « Voici Elizabeth » ? – essayant de faire comprendre, comme la plupart des mères, que les choses sont ce qu'elles ne sont pas. Elle se fie trop à son charme, pensa-t-il. Elle en fait trop.

La riche fumée bienveillante du cigare s'écoulait froidement dans sa gorge ; il le souffla de nouveau en anneaux qui traversèrent courageusement l'air pendant un moment ; bleu, circulaire – j'essaierai de parler seul avec Elizabeth ce soir, pensa-t-il – puis commença à vaciller en forme de sablier et à s'effiler ; ils prennent des formes étranges, pensa-t-il. Tout à coup, il ferma les yeux, leva la main avec effort et jeta le gros bout de son cigare. Un grand pinceau balayait son esprit, balayant les branches en mouvement, les voix des enfants, les bruits de pieds et les gens qui passaient, et le bourdonnement de la circulation, la circulation qui montait et descendait. De bas en bas, il s'enfonça dans les plumes et les plumes du sommeil, s'enfonça et s'étouffa.

L'infirmière grise reprit son tricot tandis que Peter Walsh, sur la sellette à côté d'elle, se mettait à ronfler. Dans sa robe grise, remuant infatigablement mais doucement ses mains, elle semblait la championne des droits des dormeurs, comme une de ces présences spectrales qui s'élèvent au crépuscule dans les bois faits de ciel et de branches. Le voyageur solitaire , hanteur des ruelles, perturbateur des fougères et dévastateur des grandes pruches, lève les yeux et aperçoit soudain la silhouette géante au bout du trajet.

Athée peut-être par conviction, il est surpris par des moments d'exaltation extraordinaire. Rien n'existe en dehors de nous sauf un état d'esprit, pense-t-il ; un désir de réconfort, de soulagement, de quelque chose en dehors de ces misérables pygmées, ces faibles, ces laids, ces hommes et ces femmes lâches. Mais s'il peut la concevoir, alors d'une manière ou d'une autre elle existe, pense-t-il, et avançant sur le chemin, les yeux fixés sur le ciel et les branches, il leur confère rapidement la féminité ; voit avec étonnement combien ils deviennent graves ; avec quelle majesté, tandis que la brise les agite, ils se dispensent d'un sombre battement de feuilles de charité, de compréhension, d'absolution, puis, se jetant tout à coup en l'air, confondent la piété de leur aspect avec une carrousel sauvage.

Telles sont les visions qui offrent au voyageur solitaire de grandes cornes d'abondance pleines de fruits , ou murmurent à son oreille comme des sirènes se précipitant sur les vagues vertes de la mer, ou lui viennent au visage comme des bouquets de roses, ou remontent à la surface comme des visages pâles. que les pêcheurs s'efforcent d'embrasser à travers les inondations.

Telles sont les visions qui sans cesse surgissent, marchent à côté, mettent leur visage devant la chose réelle ; maîtrisant souvent le voyageur solitaire et lui enlevant le sens de la terre, le désir de revenir, et lui donnant pour substitut une paix générale, comme si (c'est ce qu'il pense en avançant dans la forêt) toute cette fièvre de vivre était la simplicité elle-même; et des myriades de choses fusionnées en une seule chose ; et cette silhouette, faite de ciel et de branches telle qu'elle est, était sortie de la mer troublée (il est âgé, il a maintenant plus de cinquante ans) comme une forme pourrait être aspirée des vagues pour faire couler de ses mains magnifiques compassion, compréhension, absolution. Alors, pense-t-il, puissé-je ne jamais revenir à la lumière des lampes ; au salon ; ne termine jamais mon livre ; n'éteignez jamais ma pipe ; ne sonnez jamais pour que Mme Turner s'en aille ; Laisse-moi plutôt marcher droit vers cette grande figure, qui, d'un mouvement de tête, me montera sur ses banderoles et me laissera souffler dans le néant avec le reste.

Telles sont les visions. Le voyageur solitaire est bientôt au-delà du bois ; et là, venant à la porte les yeux ombragés, peut-être pour chercher son retour, les mains levées, le tablier blanc au vent, se trouve une femme âgée qui semble (tant cette infirmité est puissante) chercher, au-dessus d'un désert, un fils perdu. ; rechercher un cavalier détruit; être la figure de la mère dont les fils ont été tués dans les batailles du monde. Ainsi, alors que le voyageur solitaire avance dans la rue du village où les femmes tricotent et les hommes bêchent dans le jardin, la soirée semble menaçante ; les chiffres encore ; comme si quelque destin auguste, connu d'eux, attendu sans crainte, allait les entraîner dans l'anéantissement complet.

A l'intérieur, parmi les choses ordinaires, l'armoire, la table, le rebord de la fenêtre avec ses géraniums, tout à coup la silhouette de l'hôtesse, se penchant pour ôter le drap, s'adoucit de lumière, emblème adorable que seul le souvenir des contacts humains froids nous interdit. embrasser. Elle prend la marmelade ; elle l'enferme dans le placard.

« Il n'y a plus rien ce soir, monsieur ?

Mais à qui répond le voyageur solitaire ?

Alors la vieille infirmière a tricoté sur le bébé endormi à Regent's Park. Alors Peter Walsh ronflait.

Il se réveilla avec une extrême soudaineté en se disant : « La mort de l'âme ».

"Seigneur, Seigneur!" se dit-il à voix haute en s'étirant et en ouvrant les yeux. "La mort de l'âme." Les mots s'attachaient à une scène, à une pièce, à un passé dont il avait rêvé. C'est devenu plus clair ; la scène, la pièce, le passé dont il avait rêvé.

C'était à Bourton cet été-là, au début des années 90, alors qu'il était si passionnément amoureux de Clarissa. Il y avait beaucoup de monde, riant et discutant, assis autour d'une table après le thé et la pièce était baignée de lumière jaune et pleine de fumée de cigarette. On parlait d'un homme qui avait épousé sa servante, un des châtelains voisins , dont il avait oublié le nom. Il avait épousé sa femme de chambre, et elle avait été amenée à Bourton pour y rendre visite – une visite épouvantable. Elle était absurdement trop habillée, « comme un cacatoès », avait dit Clarissa en l'imitant, et elle n'arrêtait jamais de parler. Elle continuait ainsi, encore et encore. Clarissa l'a imité. Puis quelqu'un a demandé – c'était Sally Seton – est-ce que cela faisait une réelle différence dans les sentiments de savoir qu'avant de se marier, elle avait eu un bébé ? (À cette époque, en compagnie mixte, c'était une chose audacieuse à dire.) Il pouvait voir Clarissa maintenant, devenant rose vif ; en quelque sorte se contracter; et en disant: "Oh, je ne pourrai plus jamais lui parler!" Alors tout le monde assis autour de la table à thé parut vaciller. C'était très inconfortable.

Il ne lui avait pas reproché de s'en soucier, car à cette époque une fille élevée comme elle ne savait rien, mais c'était son attitude qui l'ennuyait ; timide; dur; quelque chose d'arrogant ; sans imagination; prude. "La mort de l'âme." Il avait dit cela instinctivement, en notant le moment comme il avait l'habitude de le faire : la mort de son âme.

Tout le monde vacillait ; chacun semblait s'incliner pendant qu'elle parlait, puis se relever différemment. Il voyait Sally Seton, comme une enfant qui a fait des bêtises, penchée en avant, plutôt rouge, désireuse de parler, mais effrayée, et Clarissa effrayait les gens. (C'était la meilleure amie de Clarissa, toujours présente, totalement différente d'elle, une créature attirante, belle, brune, avec la réputation d'être très audacieuse à l'époque et il lui offrait des cigares qu'elle fumait dans sa chambre. Elle avait Soit elle était fiancée à quelqu'un, soit elle se disputait avec sa famille et le vieux Parry les détestait également tous les deux, ce qui était un lien très fort.) Alors Clarissa, toujours avec l'air offensée contre eux tous, se leva, trouva une excuse et s'en alla. seul. Alors qu'elle ouvrait la porte, entra ce grand chien hirsute qui courait après les moutons. Elle se jeta sur lui, s'extasia. C'était comme si elle disait à Peter – tout était dirigé contre lui, il le savait – « Je sais que tu m'as trouvé absurde à l'instant à propos de cette femme ; mais voyez comme je suis extraordinairement sympathique ; vois comme j'aime mon Rob !

Ils ont toujours eu cet étrange pouvoir de communiquer sans mots. Elle savait directement qu'il la critiquait . Ensuite, elle faisait quelque chose de tout à fait évident pour se défendre, comme cette agitation avec le chien – mais cela ne l'a jamais laissé tomber, il a toujours vu à travers Clarissa. Non pas qu'il ait dit quoi que ce soit, bien sûr ; je suis juste resté assis, l'air maussade. C'est ainsi que leurs querelles commençaient souvent.

Elle a fermé la porte. Il devint aussitôt extrêmement déprimé. Tout cela semblait inutile : continuer à aimer ; continuer à se disputer; il continuait à inventer, et il s'éloignait seul, parmi les dépendances, les écuries, regardant les chevaux. (L'endroit était assez modeste ; les Parry n'étaient jamais très aisés ; mais il y avait toujours des palefreniers et des garçons d'écurie dans les environs – Clarissa adorait monter à cheval – et un vieux cocher – comment s'appelait-il ? – une vieille nourrice, le vieux Maugrey, la vieille Goody, c'est un nom qu'on lui donnait, à qui on était amené à rendre visite dans une petite pièce avec beaucoup de photographies, beaucoup de cages à oiseaux.)

Ce fut une soirée horrible ! Il devenait de plus en plus sombre, et pas seulement pour cela ; de tout. Et il ne pouvait pas la voir ; je ne pouvais pas lui expliquer; je ne pouvais pas le sortir. Il y avait toujours du monde, elle continuait comme si de rien n'était. C'était ce qu'il y avait de diabolique en elle, cette froideur, ce côté boisé, quelque chose de très profond en elle, qu'il avait encore ressenti ce matin en lui parlant ; une impénétrable. Pourtant Dieu sait qu'il l'aimait. Elle avait un étrange pouvoir de jouer sur les nerfs, de transformer les nerfs en cordes de violon, oui.

Il était parti dîner assez tard, dans l'idée idiote de se faire sentir, et s'était assis à côté de la vieille Miss Parry, de la tante Helena, de M. La sœur de Parry, qui était censée présider. Là, elle était assise dans son châle de cachemire blanc, la tête contre la fenêtre, une vieille dame redoutable, mais gentille avec lui, car il lui avait trouvé une fleur rare, et c'était une grande botaniste, marchant avec d'épaisses bottes à talons noirs. une boîte de collecte en bandoulière entre ses épaules. Il s'assit à côté d'elle et ne pouvait pas parler. Tout semblait passer devant lui ; il était juste assis là, à manger. Et puis, au milieu du dîner, il se força à regarder Clarissa pour la première fois. Elle parlait à un jeune homme à sa droite. Il a eu une révélation soudaine. « Elle épousera cet homme », se dit-il. Il ne connaissait même pas son nom.

Car bien sûr, c'était cet après-midi-là, cet après-midi-là même, que Dalloway était venu ; et Clarissa l'appelait « Wickham » ; c'était le début de tout. Quelqu'un l'avait amené; et Clarissa s'est trompée de nom. Elle l'a présenté à tout le monde sous le nom de Wickham. Enfin il dit : « Je m'appelle Dalloway ! » — ce fut sa première vue de Richard, — un jeune homme blond, plutôt gauche, assis sur une chaise longue, et laissant échapper : « Je m'appelle Dalloway ! Sally s'en est emparé ; toujours après cela, elle l'appelait "Je m'appelle Dalloway!"

Il était à cette époque en proie à des révélations. Celle-ci – qu'elle épouserait Dalloway – était aveuglante – accablante pour le moment. Il y avait une sorte de... comment pouvait-il dire ?... une sorte d'aisance dans ses manières avec lui ; quelque chose de maternel ; quelque chose de doux. Ils parlaient de politique. Tout au long du dîner, il essaya d'entendre ce qu'ils disaient.

Ensuite, il se rappelait s'être tenu près de la chaise de la vieille Miss Parry dans le salon. Clarissa arriva, avec ses manières parfaites, comme une vraie hôtesse, et voulut le présenter à quelqu'un - elle parla comme s'ils ne s'étaient jamais rencontrés auparavant, ce qui le mit en colère. Pourtant, même à ce moment-là, il l'admirait pour cela. Il admirait son courage ; son instinct social; il admirait son pouvoir de faire avancer les choses. "L'hôtesse parfaite", lui dit-il, après quoi elle grimaça de partout. Mais il voulait qu'elle le ressente. Il aurait fait n'importe quoi pour lui faire du mal après l'avoir vue avec Dalloway. Alors elle l'a quitté. Et il avait le sentiment qu'ils étaient tous rassemblés dans une conspiration contre lui, riant et parlant, dans son dos. Là, il se tenait près de la chaise de Miss Parry comme s'il avait été découpé dans du bois, parlant de fleurs sauvages. Jamais, jamais il n'avait autant souffert infernalement ! Il a dû même oublier de faire semblant d'écouter ; enfin il se réveilla ; il vit miss Parry l'air plutôt troublée, plutôt indignée, les yeux proéminents fixés. Il a presque crié qu'il ne pouvait pas y assister parce qu'il était en enfer ! Les gens ont commencé à sortir de la pièce. Il les entendit parler d'aller chercher des manteaux ; à propos du fait qu'il fait froid sur l'eau, et ainsi de suite. Ils allaient faire du bateau sur le lac au clair de lune – une des idées folles de Sally. Il pouvait l'entendre décrire la lune. Et ils sont tous sortis. Il est resté complètement seul.

"Tu ne veux pas venir avec eux?" » dit tante Helena – la vieille Miss Parry ! – elle avait deviné. Et il se retourna et voilà à nouveau Clarissa. Elle était revenue le chercher. Il fut submergé par sa générosité, sa bonté.

« Venez, dit-elle. "Ils attendent."

Il ne s'était jamais senti aussi heureux de toute sa vie ! Sans un mot, ils l'ont inventé. Ils descendirent jusqu'au lac. Il eut vingt minutes de bonheur parfait. Sa voix, son rire, sa robe (quelque chose de flottant, de blanc, de cramoisi), son esprit, son aventure ; elle les fit tous débarquer et explorer l'île ; elle a fait sursauter une poule ; elle a ri; elle a chanté. Et tout le temps, il le savait parfaitement, Dalloway tombait amoureux d'elle ; elle tombait amoureuse de Dalloway ; mais cela ne semblait pas avoir d'importance. Rien n'avait d'importance. Ils s'assirent par terre et parlèrent, lui et Clarissa. Ils entraient et sortaient l'un de l'autre sans aucun effort. Et puis en une seconde, c'était fini. Il se disait, en montant dans le bateau : « Elle épousera cet homme », d'un ton sourd et sans aucun ressentiment ; mais c'était une évidence. Dalloway épouserait Clarissa.

Dalloway les fit entrer. Il ne dit rien. Mais d'une manière ou d'une autre, alors qu'ils le regardaient démarrer, sauter sur son vélo pour parcourir vingt miles à travers les bois, vaciller le long de l'allée, agiter la main et disparaître, il a visiblement ressenti, instinctivement, énormément, fortement, tout cela ; la nuit; la romance; Clarisse. Il méritait de l'avoir.

Pour lui, il était absurde. Ses exigences envers Clarissa (il le voyait maintenant) étaient absurdes. Il a demandé des choses impossibles. Il a fait des scènes terribles. Elle l'aurait peut-être encore accepté s'il avait été moins absurde. Sally le pensait. Elle lui écrivit tout cet été des lettres ; comment ils avaient parlé de lui ; comme elle l'avait loué, comme Clarissa fondit en larmes ! Ce fut un été extraordinaire — toutes les lettres, scènes, télégrammes — arrivant à Bourton tôt le matin, attendant jusqu'à ce que les domestiques soient debout ; *tête-à-tête* épouvantables avec le vieux M. Parry au petit déjeuner ; Tante Helena formidable mais gentille ; Sally l'emmène pour des discussions dans le potager ; Clarissa au lit avec des maux de tête.

La scène finale, la scène terrible qui, selon lui, avait compté plus que tout dans toute sa vie (c'était peut-être exagéré, mais cela semblait toujours le cas maintenant) s'est produite à trois heures de l'après-midi, par une journée très chaude. . C'est une bagatelle qui a conduit à cela : Sally, au déjeuner, disait quelque chose à propos de Dalloway et l'appelait « Je m'appelle Dalloway » ; sur quoi Clarissa se raidit soudain, rougit , comme elle l'avait fait, et frappa brusquement : « Nous en avons assez de cette faible plaisanterie. C'était tout; mais pour lui, c'était précisément comme si elle avait dit : « Je ne fais que m'amuser avec toi ; J'ai un accord avec Richard Dalloway. Alors il l'a pris. Il n'avait pas dormi depuis des nuits. « Il faut que ce soit fini d'une manière ou d'une autre », se dit-il. Il lui a envoyé une note de Sally lui demandant de le rencontrer près de la fontaine à trois heures. « Quelque chose de très important s'est produit », griffonnait-il à la fin.

La fontaine était au milieu d'un petit bosquet, loin de la maison, entouré d'arbustes et d'arbres. Elle est arrivée là, avant même l'heure, et ils se sont tenus avec la fontaine entre eux, le bec (il était cassé) qui faisait couler de l'eau sans arrêt. Comme les images se fixent sur l'esprit ! Par exemple, la mousse vert vif.

Elle n'a pas bougé. « Dis-moi la vérité, dis-moi la vérité », répétait-il. Il avait l'impression que son front allait éclater. Elle semblait contractée, pétrifiée. Elle n'a pas bougé. « Dites-moi la vérité », répéta-t-il, quand tout à coup le vieux Breitkopf passa la tête en portant le *Times* ; je les ai regardés; bouche bée; et s'en alla. Aucun d'eux n'a bougé. "Dites-moi la vérité", répéta-t-il. Il avait l'impression de se frotter contre quelque chose de physiquement dur ; elle était inflexible. Elle était comme le fer, comme le silex, rigide jusqu'à l'épine dorsale. Et quand elle a dit : « Cela ne sert à rien. Il ne sert à rien. C'est la fin » – après avoir parlé pendant des heures, semblait-il, avec les larmes coulant sur ses joues – c'était comme si elle l'avait frappé au visage. Elle s'est retournée, elle l'a quitté, elle est partie.

« Clarisse ! » il pleure. « Clarisse ! » Mais elle n'est jamais revenue. C'était fini. Il est parti cette nuit-là. Il ne l'a jamais revue.

C'était affreux, s'écria-t-il, affreux, affreux !

Pourtant, le soleil était brûlant. Pourtant, on s'en remettait. Pourtant, la vie avait une façon de s'ajouter de jour en jour. Pourtant, pensa-t-il en bâillant et en commençant à s'en rendre compte – Regent's Park avait très peu changé depuis qu'il était enfant, à l'exception des écureuils – et pourtant, il y avait sans doute des compensations – lorsque la petite Elise Mitchell, qui ramassait des cailloux pour les ajouter à la collection de cailloux qu'elle et son frère faisaient sur la cheminée de la chambre d'enfant, en posa la poignée sur le genou de l'infirmière et repartit à toute vitesse dans les jambes d'une dame. Peter Walsh a éclaté de rire.

Mais Lucrezia Warren Smith se disait : C'est méchant ; pourquoi devrais-je souffrir ? » demandait-elle en empruntant le large chemin. Non; Je n'en peux plus, disait-elle, ayant laissé Septimus, qui n'était plus Septimus, dire des choses dures, cruelles, méchantes, se parler à lui-même, parler à un mort, sur le siège d'au-dessus. là; quand l'enfant s'est précipité vers elle, est tombé à plat et a éclaté en pleurs.

C'était plutôt réconfortant. Elle la remit debout, épousseta sa robe, l'embrassa.

Mais pour elle-même, elle n'avait rien fait de mal ; elle avait aimé Septimus ; elle avait été heureuse; elle avait eu une belle maison où vivaient encore ses sœurs, fabriquant des chapeaux. Pourquoi devrait *-elle* souffrir ?

L'enfant courut vers sa nourrice, et Rezia la vit gronder, réconfortée, reprise par la nourrice qui posa son tricot, et l'homme à l'air gentil lui donna sa montre pour la réconforter - mais pourquoi devrait- *elle* le faire ? exposé? Pourquoi ne pas rester à Milan ? Pourquoi torturé ? Pourquoi?

Légèrement agités par les larmes le large chemin, l'infirmière, l'homme en gris, la poussette se levaient et descendaient sous ses yeux. Se laisser bercer par ce malfaisant tortionnaire, c'était son lot. Mais pourquoi? Elle était comme un oiseau abrité sous le creux mince d'une feuille, qui cligne des yeux au soleil lorsque la feuille bouge ; commence au craquement d'une brindille sèche. Elle a été exposée ; elle était entourée des arbres énormes, vastes nuages d'un monde indifférent, exposés ; torturé; et pourquoi devrait-elle souffrir ? Pourquoi?

Elle fronça les sourcils ; elle tapa du pied. Elle devait retourner à Septimus car il était presque temps pour eux d'aller chez Sir William Bradshaw. Il fallait qu'elle retourne lui dire, qu'elle retourne vers lui, assis là sur la chaise verte sous l'arbre, parlant tout seul, ou avec ce mort Evans, qu'elle n'avait vu qu'un instant dans la boutique. Il avait semblé être un homme gentil et calme ; un grand ami de Septimus, et il avait été tué pendant la guerre. Mais de telles choses arrivent à tout le monde . Tout le monde a des amis qui ont été tués pendant la guerre. Tout le monde renonce à quelque chose en se mariant. Elle avait abandonné sa maison. Elle était venue vivre ici, dans cette horrible ville. Mais Septimus se laissait penser à des choses horribles, comme elle le pourrait aussi, si elle essayait. Il était devenu de plus en plus étranger. Il a dit que les gens parlaient derrière les murs de la chambre. Mme Filmer trouva cela étrange. Il avait vu des choses aussi : il avait vu une tête de vieille femme au milieu d'une fougère. Pourtant, il pouvait être heureux quand il le voulait. Ils sont allés à Hampton Court au sommet d'un bus et ils étaient parfaitement heureux. Toutes les petites fleurs rouges et jaunes étaient sur l'herbe, comme des lampes flottantes, disait-il, et elles parlaient, bavardaient et riaient, inventant des histoires. Tout à coup, il dit : « Maintenant, nous allons nous suicider », alors qu'ils se trouvaient au bord de la rivière, et il la regarda avec un regard qu'elle avait vu dans ses yeux au passage d'un train ou d'un omnibus — un regard comme si quelque chose se passait. le fascinait; et elle sentit qu'il s'éloignait d'elle et elle le saisit par le bras. Mais en rentrant chez lui, il était parfaitement silencieux, parfaitement raisonnable. Il discuterait avec elle au sujet de se suicider ; et expliquez à quel point les gens étaient méchants ; comment il pouvait les voir inventer des mensonges en passant dans la rue.

Il connaissait toutes leurs pensées, dit-il ; il savait tout. Il connaissait le sens du monde, dit-il.

Puis, quand ils sont revenus, il pouvait à peine marcher. Il s'est allongé sur le canapé et lui a fait tenir la main pour l'empêcher de tomber, criait-il, dans les flammes ! et j'ai vu des visages se moquer de lui, l'insultant d'horribles noms dégoûtants, depuis les murs, et des mains pointées vers l'écran. Pourtant ils étaient bien seuls. Mais il s'est mis à parler à voix haute, à répondre aux gens, à discuter, à rire, à pleurer, à s'exciter et à lui faire écrire des choses. C'était une absurdité parfaite ; sur la mort; à propos de Miss Isabel Pole. Elle n'en pouvait plus. Elle y retournerait.

Elle était près de lui maintenant, elle le voyait regarder le ciel, marmonnant, joignant les mains. Pourtant, le Dr Holmes a déclaré qu'il n'y avait aucun problème avec lui. Que s'était-il donc passé ? Pourquoi était-il parti, alors, pourquoi, alors qu'elle s'asseyait à côté de lui, avait-il sursauté, froncé les sourcils, s'était-il éloigné, pointé du doigt sa main, lui avait-il pris la main, l'avait-il regardé avec terreur ?

Était-ce parce qu'elle avait enlevé son alliance ? «Ma main est devenue si maigre», dit-elle. «Je l'ai mis dans mon sac à main», lui dit-elle.

Il lui laissa tomber la main. Leur mariage était terminé, pensa-t-il avec angoisse et soulagement. La corde était coupée ; il monta ; il était libre, comme il était décrété que lui, Septimus, le seigneur des hommes, serait libre ; seul (puisque sa femme avait jeté son alliance ; depuis qu'elle l'avait quitté), lui, Septimus, était seul, appelé devant la masse des hommes pour entendre la vérité, pour en apprendre le sens, qui maintenant enfin, après tous les efforts de la civilisation – les Grecs, les Romains, Shakespeare, Darwin et maintenant lui-même – devaient être entièrement confiés à... « À qui ? » demanda-t-il à voix haute. « Au Premier ministre », répondirent les voix qui bruissaient au-dessus de sa tête. Le secret suprême doit être révélé au Cabinet ; d'abord que les arbres sont vivants ; ensuite il n'y a pas de crime ; ensuite l'amour, l'amour universel, murmurait-il, haletant, tremblant, faisant ressortir péniblement ces vérités profondes qui nécessitaient, si profondes étaient-elles, si difficiles, un immense effort pour s'exprimer, mais le monde en était entièrement changé à jamais .

Aucun crime ; amour; répéta-t-il, cherchant sa carte et son crayon, quand un Skye terrier renifla son pantalon et il sursauta dans une agonie de peur. Il se transformait en homme ! Il ne pouvait pas voir cela se produire ! C'était horrible, terrible de voir un chien devenir un homme ! Aussitôt, le chien s'éloigna au trot.

Le Ciel était divinement miséricordieux, infiniment bienveillant. Elle l'a épargné, lui a pardonné sa faiblesse. Mais quelle en était l'explication scientifique (car il faut avant tout être scientifique) ? Pourquoi pouvait-il voir à travers les corps, voir dans le futur, alors que les chiens deviendront des hommes ? Il s'agissait probablement d'une vague de chaleur, agissant sur un cerveau rendu sensible par des éternités d'évolution. Scientifiquement parlant, la chair a été fondue du monde. Son corps a été macéré jusqu'à ce qu'il ne reste plus que les fibres nerveuses. Il était étendu comme un voile sur un rocher.

Il s'allongea sur sa chaise, épuisé mais soutenu. Il se reposa, attendant, avant d'interpréter à nouveau, avec effort, avec agonie, l'humanité. Il gisait très haut, au fond du monde. La terre tremblait sous lui. Des fleurs rouges poussaient dans sa chair ; leurs feuilles raides bruissaient près de sa tête. La musique a commencé à résonner contre les rochers ici. C'est un klaxon de moteur dans la rue, murmura-t-il ; mais ici, il filait de rocher en rocher, se divisait, se rencontrait en des secousses sonores qui s'élevaient en colonnes lisses (que la musique soit visible était une découverte) et devenait un hymne, un hymne enroulé maintenant par la flûte d'un jeune berger (C'est un hymne). un vieil homme jouant d'un penny sifflet près du pub, marmonna-t-il) qui, tandis que le garçon était immobile, sortait de sa pipe en bouillonnant, puis, à mesure qu'il montait plus haut, faisait sa plainte exquise pendant que la circulation passait en dessous. L'élégie de ce garçon se joue dans la circulation, pensa Septimus. Maintenant, il se retire dans la neige et des roses pendent autour de lui – les roses rouges épaisses qui poussent sur le mur de ma chambre, se rappela-t-il. La musique s'est arrêtée. Il a son sou, il a réfléchi et est parti pour le prochain pub.

Mais lui-même restait haut sur son rocher, comme un marin noyé sur un rocher. Je me suis penché par-dessus le bord du bateau et je suis tombé, pensa-t-il. Je suis allé sous la mer. J'ai été mort, et je suis maintenant vivant, mais laissez-moi me reposer ; il suppliait (il se parlait encore à lui-même, c'était affreux, affreux !) ; et comme, avant de s'éveiller, les voix des oiseaux et le bruit des roues carillonnent et bavardent dans une harmonie étrange, deviennent de plus en plus forts et le dormeur se sent attiré vers les rivages de la vie, ainsi il se sentit attiré vers la vie, le soleil grandissant. plus chaud, les cris plus forts, quelque chose de formidable sur le point de se produire.

Il lui suffisait d'ouvrir les yeux ; mais un poids pesait sur eux ; une peur. Il tendit ; il a poussé; Il a regardé; il a vu Regent's Park devant lui. De longues banderoles de soleil tombaient à ses pieds. Les arbres s'agitaient, brandissaient. Nous accueillons, semblait dire le monde ; nous acceptons; nous créons. Beauté, semblait dire le monde. Et comme pour le prouver (scientifiquement) partout où il regardait les maisons, les grilles, les antilopes qui s'étendaient sur les palissades, la beauté surgissait instantanément. Regarder une feuille frémir sous le courant de l'air était une joie exquise. Dans le ciel, les hirondelles plongent, font des embardées, se jettent dedans et dehors, en rond, mais toujours avec un contrôle parfait, comme si des élastiques les retenaient ; et les mouches montent et descendent ; et le soleil tache tantôt cette feuille, tantôt cela, par moquerie, l'éblouissant d'or doux dans une pure bonne humeur ; et de temps en temps un carillon (cela pouvait être un klaxon de moteur) tintant divinement sur les tiges d'herbe - tout cela, aussi calme et raisonnable qu'il fût, fait de choses ordinaires comme il l'était, était maintenant la vérité ; beauté, c'était la vérité maintenant. La beauté était partout.

« Il est temps », dit Rezia.

Le mot « temps » s'est fendu ; déversa ses richesses sur lui ; et de ses lèvres tombaient comme des coquilles, comme des copeaux d'avion, sans qu'il les fasse, des mots durs, blancs, impérissables, et volaient pour s'attacher à leur place en une ode au Temps ; une ode immortelle au Temps. Il a chanté. Evans répondit derrière l'arbre. Les morts étaient en Thessalie, chantait Evans, parmi les orchidées. Là, ils attendirent la fin de la guerre, et maintenant les morts, maintenant Evans lui-même…

"Pour l'amour de Dieu, ne venez pas!" » s'écria Septimus. Car il ne pouvait pas regarder les morts.

Mais les branches se séparèrent. Un homme en gris se dirigeait vers eux. C'était Evans ! Mais il n'y avait pas de boue sur lui ; aucune blessure ; il n'a pas été changé. Je dois le dire au monde entier, s'écria Septimus en levant la main (alors que le mort en costume gris s'approchait), levant la main comme une figure colossale qui a déploré le sort de l'homme pendant des siècles dans le désert, seul, les mains serrées. sur son front, des rides de désespoir sur ses joues, et il voit maintenant une lumière au bord du désert qui s'élargit et frappe la silhouette noire de fer (et Septimus se leva à moitié de sa chaise), et avec des légions d'hommes prosternés derrière lui, lui, le géant le pleureur, reçoit un instant sur son visage tout...

"Mais je suis tellement malheureuse, Septimus", dit Rezia en essayant de le faire asseoir.

Des millions de personnes se lamentaient ; depuis des lustres, ils étaient dans le chagrin. Il se retournerait, il leur raconterait dans quelques instants, quelques instants encore, de ce soulagement, de cette joie, de cette étonnante révélation...

— C'est l'heure, Septimus, répéta Rezia. « Quelle heure est-il ?

Il parlait, il sursautait, cet homme devait le remarquer. Il les regardait.

"Je vais vous dire l'heure", dit Septimus très lentement, très somnolent, souriant mystérieusement. Tandis qu'il souriait au mort en costume gris, le quart sonna – midi moins le quart.

Et c'est cela être jeune, pensa Peter Walsh en passant devant eux. Avoir une scène horrible — la pauvre fille avait l'air absolument désespérée — en plein milieu de la matinée. Mais de quoi s'agissait-il, se demanda-t-il, que lui avait dit le jeune homme au pardessus pour la faire ressembler à cela ; dans quelle horrible situation s'étaient-ils fourrés, tous deux pour avoir l'air si désespérés par un beau matin d'été ? Ce qui était amusant dans le retour en Angleterre, après cinq ans, c'était la façon dont cela se passait, en tout cas les premiers jours, les choses ressortaient comme si on ne les avait jamais vues auparavant ; les amoureux se chamaillent sous un arbre ; la vie domestique et familiale des parcs. Jamais il n'avait vu Londres aussi enchanteresse : la douceur des distances ; la richesse ; la verdure ; la civilisation , après l'Inde, pensa-t-il en se promenant dans l'herbe.

Cette sensibilité aux impressions avait sans aucun doute été sa perte. Encore à son âge, il avait, comme un garçon ou une fille même, ces alternances d'humeur ; de bons jours, de mauvais jours, sans aucune raison, le bonheur d'un joli visage, carrément le malheur à la vue d'une mauvaise mine. Après l'Inde, bien sûr, on tombait amoureux de toutes les femmes qu'on rencontrait. Il y avait une fraîcheur en eux ; même les plus pauvres s'habillaient mieux qu'il y a cinq ans ; et à ses yeux, les modes n'avaient jamais été aussi seyantes ; les longs manteaux noirs ; la minceur ; l'élégance; et puis l'habitude délicieuse et apparemment universelle de peindre. Toutes les femmes, même les plus respectables, avaient des roses qui fleurissaient sous verre ; lèvres coupées au couteau; des boucles d'encre de Chine ; il y avait du design, de l'art partout ; un changement quelconque s'était sans aucun doute produit. A quoi pensaient les jeunes ? » s'est demandé Peter Walsh.

Ces cinq années – de 1918 à 1923 – avaient été, soupçonnait-il, d'une certaine manière très importantes. Les gens avaient l'air différents. Les journaux semblaient différents. Par exemple, il y avait un homme qui écrivait ouvertement dans un hebdomadaire respectable au sujet des water-closets. Ce que vous n'auriez pas pu faire il y a dix ans : écrire ouvertement sur les water-closets dans un hebdomadaire respectable. Et puis, sortir un bâton de rouge ou une houppette et se maquiller en public. À bord du bateau qui rentrait chez lui, il y avait beaucoup de jeunes hommes et de jeunes filles – Betty et Bertie, il se souvenait en particulier – qui se comportaient ouvertement ; la vieille mère assise et les regardant avec son tricot, fraîche comme un concombre. La jeune fille restait immobile et se poudrait le nez devant tout le monde . Et ils n'étaient pas fiancés ; juste passer un bon moment; aucun sentiment n'est blessé d'un côté ou de l'autre. Aussi dure qu'un clou, elle était – Betty What'shername – ; mais une bonne sorte. Elle ferait une très bonne épouse à trente ans : elle se marierait quand cela lui conviendrait ; épouser un homme riche et vivre dans une grande maison près de Manchester.

Qui était-ce maintenant qui avait fait ça ? Se demanda Peter Walsh, en s'engageant dans Broad Walk : épousé un homme riche et vivant dans une grande maison près de Manchester ? Quelqu'un qui lui avait écrit récemment une longue et jaillissante lettre sur les « hortensias bleus ». C'était voir des hortensias bleus qui lui faisait penser à lui et au bon vieux temps – Sally Seton, bien sûr ! C'était Sally Seton – la dernière personne au monde à laquelle on aurait pu s'attendre à épouser un homme riche et à vivre dans une grande maison près de Manchester, la sauvage, l'audacieuse et la romantique Sally !

Mais de tous ces anciens amis, les amis de Clarissa – les Whitbread , les Kinderley , les Cunningham, les Kinloch-Jones –, Sally était probablement la meilleure. Elle essayait de toute façon de mettre la main sur les choses par le bon bout. Quoi qu'il en soit, elle voyait clair dans Hugh Whitbread – l'admirable Hugh – lorsque Clarissa et les autres étaient à ses pieds.

"Les Whitbread ?" il pouvait l'entendre dire. « Qui sont les Whitbread ? Marchands de charbon. Des commerçants respectables.

Hugh pour une raison quelconque. Il ne pensait à rien d'autre qu'à sa propre apparence, dit-elle. Il aurait dû être duc. Il serait certain d'épouser l'une des princesses royales. Et bien sûr, Hugh avait le respect le plus extraordinaire, le plus naturel et le plus sublime pour l'aristocratie britannique parmi tous les êtres humains qu'il ait jamais rencontré. Même Clarissa devait en être propriétaire. Oh, mais il était si gentil, si altruiste, il avait renoncé à tirer pour plaire à sa vieille mère, il se souvenait des anniversaires de ses tantes, etc.

Sally, pour lui rendre justice, a vu clair dans tout cela. L'une des choses dont il se souvenait le mieux était une dispute un dimanche matin à Bourton au sujet des droits des femmes (ce sujet antédiluvien), lorsque Sally s'est soudainement mise en colère, s'est emportée et a dit à Hugh qu'il représentait tout ce qu'il y avait de plus détestable dans la classe moyenne britannique. vie. Elle lui dit qu'elle le considérait comme responsable de l'état de « ces pauvres filles de Piccadilly » – Hugh, le parfait gentleman, pauvre Hugh ! – jamais homme n'avait eu l'air plus horrifié ! Elle l'a fait exprès, a-t-elle dit plus tard (car ils se réunissaient dans le potager et comparaient leurs notes). « Il n'a rien lu, rien pensé, rien ressenti », pouvait-il l'entendre dire de cette voix très emphatique qui portait bien plus loin qu'elle ne le pensait. Les garçons d'écurie avaient plus de vie en eux que Hugh, dit-elle. Il était un parfait spécimen du type d'école publique , dit-elle. Aucun autre pays que l'Angleterre n'aurait pu le produire. Elle était vraiment méchante, pour une raison quelconque ; avait une certaine rancune contre lui. Il s'était passé quelque chose – il avait oublié quoi – dans le fumoir. Il l'avait insultée, embrassée ? Incroyable! Bien sûr, personne ne croyait un mot contre Hugh. Qui pourrait? Embrasser Sally dans le fumoir ! Si cela avait été une honorable Edith ou Lady Violet, peut-être ; mais pas cette ragamuffin Sally sans un sou à son nom, et un père ou une mère jouant à Monte-Carlo. Car de toutes les personnes qu'il avait jamais rencontrées, Hugh était le plus snob – le plus obséquieux – non, il ne grinçait pas vraiment des dents. Il était trop idiot pour ça. La comparaison s'imposait avec un voiturier de premier ordre : quelqu'un qui marchait derrière avec des valises ; on pouvait lui faire confiance pour envoyer des télégrammes, indispensables aux hôtesses. Et il avait trouvé son emploi : il avait épousé son honorable Evelyn ; obtint un petit poste à la Cour, s'occupa des caves du roi, cira les boucles des chaussures impériales, se promena en culottes courtes et à volants de dentelle. Comme la vie est impitoyable ! Un petit boulot à la Cour !

Il avait épousé cette dame, l' honorable Evelyn, et ils vivaient à proximité, pensa-t-il (en regardant les maisons pompeuses donnant sur le parc), car il y avait déjeuné une fois dans une maison qui avait, comme toutes les possessions de Hugh, quelque chose qu'aucune autre ne possédait. la maison aurait pu l'être – des armoires à linge auraient pu l'être. Il fallait aller les regarder – il fallait passer beaucoup de temps à toujours admirer ce que c'était – des armoires à linge, des taies d'oreiller, de vieux meubles en chêne, des tableaux que Hugh avait ramassés pour une vieille chanson. Mais Mme Hugh trahissait parfois la vedette. Elle était une de ces petites femmes obscures ressemblant à des souris et qui admirent les grands hommes. Elle était presque négligeable. Puis soudain, elle disait quelque chose de tout à fait inattendu, quelque chose de tranchant. Elle avait peut-être les reliques des grandes manières. Le charbon vapeur était un peu trop puissant pour elle : il rendait l'atmosphère épaisse. Et c'est ainsi qu'ils vivaient là, avec leurs armoires à linge, leurs vieux maîtres et leurs taies d'oreiller frangées de vraie dentelle, au rythme de cinq ou dix mille par an sans doute, tandis que lui, qui avait deux ans de plus que Hugh, se faisait payer pour un travail. .

A cinquante-trois ans, il dut venir demander qu'on le mette dans un bureau de secrétaire, qu'on lui trouve un travail d'huissier qui enseigne le latin aux petits garçons, au service d'un mandarin dans un bureau, ce qui lui rapportait cinq cents dollars par an. ; car s'il épousait Daisy, même avec sa pension, ils ne pourraient jamais faire moins. Whitbread pourrait probablement le faire ; ou Dalloway. Ce qu'il demandait à Dalloway ne le dérangeait pas. C'était un très bon type ; un peu limité; un peu épais dans la tête ; Oui; mais une bonne sorte. Quoi qu'il ait entrepris, il l'a fait de la même manière raisonnable et pragmatique ; sans une once d'imagination, sans une étincelle de génie, mais avec la gentillesse inexplicable de son type. Il aurait dû être un gentleman de la campagne – il était perdu en politique. Il était à son meilleur en plein air, avec des chevaux et des chiens – comme il était bon, par exemple, lorsque le grand chien hirsute de Clarissa fut pris dans un piège et eut la patte à moitié arrachée, et que Clarissa s'évanouit et que Dalloway fit le même travail. la totalité; des attelles bandées et confectionnées; a dit à Clarissa de ne pas être idiote. C'était peut-être pour cela qu'elle l'aimait – c'était ce dont elle avait besoin. « Maintenant, ma chère, ne soyez pas idiot. Tiens ceci, va chercher cela », parlant tout le temps au chien comme s'il s'agissait d'un être humain.

Mais comment pouvait-elle avaler toutes ces histoires de poésie ? Comment pouvait-elle le laisser parler de Shakespeare ? Sérieusement et solennellement , Richard Dalloway s'est levé et a déclaré qu'aucun homme honnête ne devrait lire les sonnets de Shakespeare parce que c'était comme écouter aux trous de serrure (en plus, cette relation n'était pas celle qu'il approuvait). Aucun homme honnête ne devrait laisser sa femme rendre visite à la sœur de sa femme décédée. Incroyable! Il ne restait plus qu'à lui jeter des dragées : c'était au dîner. Mais Clarissa a tout absorbé ; je pensais que c'était si honnête de sa part ; si indépendant de lui; Dieu sait si elle ne pensait pas qu'il était l'esprit le plus original qu'elle ait jamais rencontré !

C'était l'un des liens entre Sally et lui. Il y avait un jardin où ils se promenaient, un endroit clos de murs, avec des rosiers et des choux-fleurs géants - il se souvenait de Sally arrachant une rose, s'arrêtant pour s'exclamer devant la beauté des feuilles de chou au clair de lune (c'était extraordinaire) avec quelle vivacité tout cela lui revenait en mémoire, des choses auxquelles il n'avait pas pensé depuis des années), tandis qu'elle le suppliait, en riant à moitié bien sûr, d'enlever Clarissa, de la sauver des Hugh, des Dalloway et de tous les autres « parfaits ». messieurs » qui « étoufferaient son âme » (elle écrivait des tonnes de poésie à cette époque), en feraient une simple hôtesse, encourageraient sa mondanité. Mais il faut rendre justice à Clarissa. De toute façon, elle n'épouserait pas Hugh. Elle avait une idée parfaitement claire de ce qu'elle voulait. Ses émotions étaient toutes superficielles. Au fond, elle était très astucieuse – bien meilleure juge de caractère que Sally, par exemple, et avec tout cela, purement féminine ; avec ce don extraordinaire, le don de cette femme, de créer son propre monde là où elle se trouve. Elle entra dans une pièce ; elle se tenait, comme il l'avait souvent vue, devant une porte, entourée de beaucoup de monde. Mais c'est de Clarissa dont on se souvenait. Non pas qu'elle frappait ; pas beau du tout ; elle n'avait rien de pittoresque ; elle n'a jamais rien dit de spécialement intelligent ; Mais elle était là ; elle était là.

Non non Non! Il n'était plus amoureux d'elle ! Il se sentait seulement, après l'avoir vue ce matin-là, au milieu de ses ciseaux et de ses soieries, se préparant pour la fête, incapable de s'éloigner de sa pensée ; elle revenait et revenait comme un dormeur qui se heurte à lui dans un wagon de chemin de fer ; ce qui n'était pas être amoureux, bien sûr ; c'était penser à elle, la critiquer , recommencer, après trente ans, essayer de l'expliquer. La chose évidente à dire d'elle était qu'elle était mondaine ; il se souciait trop du rang, de la société et de la réussite dans le monde – ce qui était vrai dans un sens ; elle le lui avait avoué. (Vous pourriez toujours la faire admettre si vous en preniez la peine ; elle était honnête.) Ce qu'elle disait, c'était qu'elle détestait les gens mal lotis, les idiots, les échecs, comme lui sans doute ; pensait que les gens n'avaient pas le droit de se vautrer les mains dans les poches ; doit faire quelque chose, être quelque chose ; et ces grandes bourgeoisies, ces duchesses, ces vieilles comtesses chenues qu'on rencontrait dans son salon, indiciblement éloignées comme il les sentait de tout ce qui comptait comme une paille, représentaient pour elle quelque chose de réel. Lady Bexborough, dit-elle un jour, se tenait droite (Clarissa elle-même aussi ; elle ne se prélassait jamais dans aucun sens du terme ; elle était droite comme une fléchette, un peu rigide en fait). Elle disait qu'ils avaient une sorte de courage que plus elle grandissait, plus elle respectait. Dans tout cela, il y avait bien sûr beaucoup de Dalloway ; une grande partie de l'esprit civique, de l'Empire britannique, de la réforme tarifaire et de la classe dirigeante, qui s'était développé en elle, comme c'est généralement le cas. Avec deux fois plus d'intelligence, elle devait voir les choses à travers ses yeux – une des tragédies de la vie conjugale. Avec son propre esprit, elle doit toujours citer Richard – comme si on ne pouvait pas savoir exactement ce que Richard pensait en lisant le *Morning Post* d'un matin ! Ces fêtes, par exemple, étaient toutes pour lui, ou pour l'idée qu'elle se faisait de lui (pour rendre justice à Richard, il aurait été plus heureux de cultiver dans le Norfolk). Elle faisait de son salon une sorte de lieu de rencontre ; elle avait un génie pour ça. À maintes reprises, il l'avait vue prendre un jeune à l'état brut, le tordre, le retourner, le réveiller ; l'a mis en route. Bien sûr, un nombre infini de gens ennuyeux se rassemblaient autour d'elle. Mais d'étranges personnes inattendues sont arrivées ; un artiste parfois ; parfois écrivain ; bizarre poisson dans cette atmosphère. Et derrière tout cela, il y avait ce réseau de visites, de dépôt de cartes, de gentillesse envers les gens ; courir avec des bouquets de fleurs, des petits cadeaux ; Un tel allait en France – il devait avoir un coussin d'air ; une véritable épuisement de ses forces ; tout ce trafic interminable qu'entretiennent les femmes de son espèce ; mais elle l'a fait sincèrement, par instinct naturel.

Curieusement, elle était l'une des sceptiques les plus convaincues qu'il ait jamais rencontré, et peut-être (c'était une théorie qu'il inventait pour expliquer sa situation, si transparente à certains égards, si impénétrable à d'autres), peut-être se disait-elle : , Comme nous sommes une race condamnée, enchaînée à un navire en perdition (sa lecture préférée quand elle était petite était Huxley et Tyndall, et ils étaient friands de ces métaphores nautiques), et que tout cela n'est qu'une mauvaise plaisanterie, laissons-nous, en tout cas, , faisons notre part ; atténuer les souffrances de nos codétenus (encore Huxley) ; décorez le donjon avec des fleurs et des coussins d'air ; être aussi décent que possible. Ces voyous, les Dieux, ne feront pas tout à leur guise , - son idée étant que les Dieux, qui n'ont jamais perdu une chance de blesser, de contrecarrer et de gâcher des vies humaines, seraient sérieusement mis à mal si, tout de même, vous vous comportiez comme une dame. Cette phase est survenue immédiatement après la mort de Sylvia, cette horrible affaire. Voir sa propre sœur tuée par la chute d'un arbre (toute la faute de Justin Parry, toute sa négligence) sous vos yeux, une fille aussi au bord de la vie, la plus douée d'entre elles, disait toujours Clarissa, suffisait à devenir amer. . Plus tard, elle n'était peut-être pas si positive ; elle pensait qu'il n'y avait pas de dieux ; personne n'était à blâmer ; et c'est ainsi qu'elle a développé cette religion athée consistant à faire le bien pour le bien.

Et bien sûr, elle aimait énormément la vie. C'était sa nature de jouir (même si Dieu seul le sait, elle avait ses réserves ; ce n'était qu'un simple croquis, pensait-il souvent, que même lui, après toutes ces années, pouvait faire de Clarissa). De toute façon, il n'y avait aucune amertume en elle ; rien de ce sens de la vertu morale qui est si repoussant chez les bonnes femmes. Elle aimait pratiquement tout. Si vous vous promeniez avec elle dans Hyde Park, tantôt c'était un lit de tulipes, tantôt un enfant dans une poussette, tantôt un petit drame absurde qu'elle inventait sous l'impulsion du moment. (Très probablement, elle aurait parlé à ces amants si elle les avait jugés malheureux.) Elle avait un sens de la comédie vraiment exquis, mais elle avait besoin de gens, toujours de gens, pour le faire ressortir, avec le résultat inévitable qu'elle elle perdait son temps, déjeunait, dînait, donnait ses fêtes incessantes, disait des bêtises, disait des choses qu'elle ne pensait pas, émoussait son esprit, perdait sa discrimination. Là, elle s'asseyait au bout de la table, s'occupant infiniment de quelque vieux tampon qui pourrait être utile à Dalloway – ils connaissaient les plus épouvantables ennuis d'Europe – ou alors Elizabeth arrivait et tout devait lui *céder*. Elle était au lycée, au stade inarticulé la dernière fois qu'il l'avait terminé, une fille aux yeux ronds, au visage pâle, sans rien de sa mère en elle, une créature silencieuse et impassible, qui prenait tout cela comme une évidence, a laissé sa mère faire toute une histoire, puis elle a dit : « Puis-je y aller maintenant ? comme un enfant de quatre ans ; En partant, expliqua Clarissa, avec ce mélange d'amusement et de fierté que Dalloway lui-même semblait éveiller en elle, jouer au hockey. Et maintenant, Elizabeth était « dehors », sans doute ; elle le considérait comme un vieux fou, se moquait des amis de sa mère. Eh bien, qu'il en soit ainsi. La compensation du vieillissement, pensa Peter Walsh, sortant de Regent's Park et tenant son chapeau à la main, était simplement la suivante : ; que les passions restent toujours aussi fortes, mais on a acquis — enfin ! — le pouvoir qui ajoute la saveur suprême à l'existence, — le pouvoir de s'emparer de l'expérience, de la retourner, lentement, dans la lumière.

C'était un aveu terrible (il remit son chapeau), mais maintenant, à cinquante-trois ans, on n'a plus guère besoin de monde. La vie elle-même, chaque instant, chaque goutte, ici, cet instant, maintenant, au soleil, à Regent's Park, suffisait. Trop en effet. Une vie entière était trop courte pour en faire ressortir, maintenant qu'on avait acquis le pouvoir, toute la saveur ; extraire chaque once de plaisir, chaque nuance de sens ; qui étaient tous deux bien plus solides qu'avant, bien moins personnels. Il était impossible qu'il souffre à nouveau comme Clarissa l'avait fait souffrir. Pendant des heures (priez Dieu pour qu'on puisse dire ces choses sans être entendu !), pendant des heures et des jours, il ne pensait jamais à Daisy.

Se pourrait-il qu'il soit alors amoureux d'elle, se souvenant de la misère, de la torture, de l'extraordinaire passion de ces jours-là ? C'était une tout autre chose – une chose bien plus agréable – la vérité étant, bien sûr, que maintenant *elle* était amoureuse de *lui* . Et c'était peut-être la raison pour laquelle, lorsque le navire appareillait effectivement, il éprouvait un soulagement extraordinaire, il ne souhaitait rien d'autre que d'être seul ; était ennuyé de retrouver toutes ses petites attentions, des cigares, des billets, un tapis pour le voyage, dans sa cabine. Tout le monde, s'il était honnête, dirait la même chose ; on ne veut pas de gens après cinquante ans ; on ne veut pas continuer à dire aux femmes qu'elles sont jolies ; C'est ce que diraient la plupart des hommes de cinquante ans, pensa Peter Walsh, s'ils étaient honnêtes.

Mais alors ces étonnants accès d'émotion, ces éclats de larmes ce matin, de quoi s'agissait-il ? Qu'aurait pu penser Clarissa de lui ? il le pensait probablement idiot, pas pour la première fois. C'était la jalousie qui était au fond de tout cela, une jalousie qui survit à toutes les autres passions de l'humanité, pensa Peter Walsh en tenant son canif à bout de bras. Elle avait rencontré le major Orde, dit Daisy dans sa dernière lettre ; il l'a dit exprès, il le savait; il l'a dit pour le rendre jaloux ; il la voyait fronçant le front pendant qu'elle écrivait, se demandant ce qu'elle pourrait dire pour le blesser ; et pourtant cela ne faisait aucune différence ; il était furieux ! Toute cette histoire de venir en Angleterre et de consulter des avocats n'avait pas pour but de l'épouser, mais de l'empêcher d'épouser quelqu'un d'autre. C'est ce qui l'a torturé, c'est ce qui l'a envahi lorsqu'il a vu Clarissa si calme, si froide, si attentive à sa robe ou quoi que ce soit ; réalisant ce qu'elle aurait pu lui épargner, à quoi elle l'avait réduit : un vieil âne pleurnicheur et pleurnicheur . Mais les femmes, pensa-t-il en fermant son canif, ne savent pas ce qu'est la passion. Ils n'en connaissent pas la signification pour les hommes. Clarissa était froide comme un glaçon. Là, elle s'asseyait sur le canapé à côté de lui, se laissait prendre sa main, lui donnait un baiser... Le voilà au passage à niveau.

Un bruit l'interrompit ; un frêle son frémissant, une voix bouillonnante sans direction, sans vigueur , sans début ni fin, courant faiblement et criard et sans toute signification humaine dans

ee euh fah euh alors

foo chéri aussi oh —

la voix d'aucun âge ni sexe, la voix d'une source ancienne jaillissant de la terre ; qui sortait, juste en face de la station de métro Regent's Park, d'une haute forme frémissante, comme un entonnoir, comme une pompe rouillée, comme un arbre battu par le vent à jamais dépourvu de feuilles qui laisse le vent courir le long de ses branches en chantant

ee euh fah euh alors

foo chéri aussi oh

et des roches, des craquements et des gémissements dans la brise éternelle.

À travers tous les âges – quand le trottoir n'était que de l'herbe, quand c'était des marécages, à travers l'âge des défenses et des mammouths, à travers l'âge du lever du soleil silencieux, la femme battue – car elle portait une jupe – avec sa main droite exposée, sa gauche agrippée à à ses côtés, chantait l'amour, l'amour qui a duré un million d'années, chantait-elle, l'amour qui prévaut, et il y a des millions d'années, son amant, mort depuis des siècles, avait marché, chantonnait-elle, avec elle en mai ; mais au cours des âges, longs comme des jours d'été, et flamboyants, se souvenait-elle, avec rien d'autre que des asters rouges, il était parti ; l'énorme faucille de la mort avait balayé ces énormes collines, et quand enfin elle posa sa tête blanche et immensément âgée sur la terre, maintenant devenue une simple cendre de glace, elle implora les dieux de déposer à ses côtés un bouquet de bruyère pourpre, là-bas. sa haute sépulture que caressaient les derniers rayons du dernier soleil ; car alors le spectacle de l'univers serait terminé.

Alors que la chanson ancienne résonnait en face de la station de métro Regent's Park, la terre semblait toujours verte et fleurie ; Pourtant, bien qu'il sorte d'une bouche si grossière, d'un simple trou dans la terre, boueux aussi, emmêlé de fibres de racines et d'herbes enchevêtrées, le vieux chant bouillonnant et bouillonnant, imprégnant les racines nouées des âges infinis, les squelettes et les trésors, coulaient en ruisseaux sur le trottoir et tout le long de Marylebone Road, et descendaient vers Euston, fertilisant , laissant une tache humide.

Se rappelant encore qu'au cours d'un mois de mai primitif elle avait marché avec son amant, cette pompe rouillée, cette vieille femme battue avec une main exposée aux cuivres, l'autre serrant son côté, serait toujours là dans dix millions d'années, se rappelant comment elle avait marché autrefois. en mai, là où coule maintenant la mer, avec qui cela n'avait pas d'importance – c'était un homme, oh oui, un homme qui l'avait aimée. Mais le passage des âges avait brouillé la clarté de cet ancien jour de mai ; les fleurs aux pétales brillants étaient blanches et argentées ; et elle ne voyait plus, lorsqu'elle le suppliait (comme elle le faisait maintenant très clairement) «regarde intensément dans mes yeux avec tes doux yeux», elle ne voyait plus des yeux bruns, des moustaches noires ou un visage brûlé par le soleil mais seulement une forme imminente, une ombre. forme, à laquelle, avec la fraîcheur d'oiseau des personnes très âgées, elle gazouillait encore "donne-moi ta main et laisse-moi la serrer doucement" (Peter Walsh ne put s'empêcher de donner une pièce de monnaie à la pauvre créature alors qu'il montait dans son taxi). , "et si quelqu'un devait voir, que lui importe?" elle a demandé; et son poing s'agrippait à son côté, et elle souriait, empochant son shilling, et tous les yeux inquisiteurs semblaient effacés, et les générations qui passaient – le trottoir était rempli de gens occupés de la classe moyenne – disparaissaient, comme des feuilles, pour être foulées sous les pieds. , pour être trempé et infusé et façonné par ce printemps éternel -

ee euh fah euh alors

foo chéri aussi oh

« Pauvre vieille femme », dit Rezia Warren Smith, attendant de traverser.

Ô pauvre vieux misérable !

Et si c'était une nuit humide ? Supposez que votre père, ou quelqu'un qui en a connu un dans des jours meilleurs, passe par là et en voie un debout dans le caniveau ? Et où dormait-elle la nuit ?

Gaiement, presque gaiement, le fil invincible du son s'enroulait dans l'air comme la fumée d'une cheminée de chalet, enroulant des hêtres propres et sortant en une touffe de fumée bleue entre les feuilles les plus hautes. « Et si quelqu'un voyait, que lui importait ?

Depuis qu'elle était si malheureuse, depuis des semaines et des semaines, Rezia donnait un sens aux choses qui lui arrivaient, elle avait presque parfois l'impression qu'elle devait arrêter les gens dans la rue, s'ils avaient l'air bien, les gens gentils, juste pour leur dire "Je suis malheureuse". » ; et cette vieille femme qui chantait dans la rue : « Si quelqu'un voit, qu'importe ? lui donna soudain la certitude que tout irait bien. Ils allaient chez Sir William Bradshaw ; elle trouvait que son nom sonnait bien ; il guérirait Septimus immédiatement. Et puis il y avait une charrette de brasseur, et les chevaux gris avaient des poils de paille dressés dans la queue ; il y avait des pancartes dans les journaux. C'était un rêve idiot, très idiot, d'être malheureux.

Alors ils se sont croisés, M. et Mme Septimus Warren Smith, et il y avait là, après tout, tout ce qui pouvait attirer l'attention sur eux, tout ce qui pouvait faire suspecter un passant, voici un jeune homme qui porte en lui le plus grand message du monde. , et est-il d'ailleurs l'homme le plus heureux du monde et le plus misérable ? Peut-être marchaient-ils plus lentement que les autres, et il y avait quelque chose d'hésitant, de traînant, dans la démarche de cet homme, mais quoi de plus naturel pour un employé qui n'est pas venu dans le West End un jour de semaine à cette heure depuis des années, que de garder regardant le ciel, regardant ceci, cela et l'autre, comme si Portland Place était une pièce dans laquelle il était entré lorsque la famille est absente, les lustres étant suspendus dans des sacs hollandais, et la gardienne, alors qu'elle laisse entrer de longs fûts de une lumière poussiéreuse sur des fauteuils déserts et d'aspect bizarre, soulevant un coin des longs stores, explique aux visiteurs quel endroit merveilleux c'est ; comme c'est merveilleux, mais en même temps, pense-t-il, en regardant les chaises et les tables, comme c'est étrange.

À première vue, il aurait pu être commis, mais de la meilleure sorte ; car il portait des bottes brunes ; ses mains étaient instruites ; son profil aussi – son profil anguleux, au gros nez, intelligent et sensible ; mais pas complètement ses lèvres, car elles étaient lâches ; et ses yeux (comme les yeux ont tendance à l'être), des yeux simplement ; noisetier, grand; de sorte qu'il était, dans l'ensemble, un cas frontalier, ni l'un ni l'autre, qu'il pouvait se terminer avec une maison à Purley et une automobile, ou continuer à louer des appartements dans des ruelles toute sa vie ; un de ces hommes à moitié instruits et autodidactes dont l'éducation s'apprend entièrement dans des livres empruntés aux bibliothèques publiques, lus le soir après la journée de travail, sur les conseils d'auteurs connus consultés par lettre.

Quant aux autres expériences, celles de la solitude, que les gens vivent seuls, dans leur chambre, dans leur bureau, en se promenant dans les champs et dans les rues de Londres, il les a vécues ; il avait quitté la maison, un simple garçon, à cause de sa mère ; elle a menti; parce qu'il est descendu prendre le thé pour la cinquantième fois avec ses mains non lavées ; parce qu'il ne voyait aucun avenir pour un poète à Stroud ; et ainsi, se faisant un confident de sa petite sœur, il était parti pour Londres, laissant derrière lui une note absurde, telle que de grands hommes en ont écrit, et que le monde a lu plus tard lorsque l'histoire de leurs luttes est devenue célèbre.

Londres a englouti plusieurs millions de jeunes hommes appelés Smith ; n'ont rien pensé aux prénoms fantastiques comme Septimus avec lesquels leurs parents ont pensé à les distinguer. En logeant près d'Euston Road, il y a eu des expériences, encore des expériences, comme celle de changer un visage en deux ans d'un ovale rose innocent à un visage maigre, contracté, hostile. Mais de tout cela, qu'aurait pu dire l'ami le plus observateur, sinon ce que dit un jardinier lorsqu'il ouvre la porte de la serre le matin et trouve une nouvelle fleur sur sa plante : — Elle a fleuri ; fleuri de vanité, d'ambition, d'idéalisme, de passion, de solitude, de courage, de paresse, les graines habituelles, qui toutes mélangées (dans une pièce à l'écart d'Euston Road), le rendaient timide, et le bégaiement, le rendaient désireux de s'améliorer, le rendaient tomber amoureux de Miss Isabel Pole, qui donne une conférence à Waterloo Road sur Shakespeare.

N'était-il pas comme Keats ? elle a demandé; et réfléchit à la manière dont elle pourrait lui donner un avant-goût d' *Antoine, de Cléopâtre* et des autres ; lui prêta des livres ; lui écrivit des bribes de lettres ; et alluma en lui un feu tel qu'il ne brûle qu'une fois dans sa vie, sans chaleur, faisant vaciller une flamme d'or rouge infiniment éthérée et insubstantielle sur Miss Pole ; *Antoine et Cléopâtre* ; et le chemin Waterloo. Il la trouvait belle, la croyait impeccablement sage ; rêvait d'elle, lui écrivait des poèmes que, ignorant le sujet, elle corrigeait à l'encre rouge ; il l'a vue, un soir d'été, se promenant en robe verte sur une place. « Elle a fleuri », aurait dit le jardinier s'il avait ouvert la porte ; s'il était entré, c'est-à-dire n'importe quelle nuit à cette heure-là, et l'avait trouvé en train d'écrire ; je l'ai trouvé en train de déchirer ses écrits ; je l'ai trouvé en train de finir un chef-d'œuvre à trois heures du matin et de courir arpenter les rues, et de visiter des églises, et de jeûner un jour, de boire un autre, de dévorer Shakespeare, Darwin, *L'Histoire de la Civilisation* et Bernard Shaw.

Quelque chose se passait, M. Brewer le savait ; M. Brewer, commis directeur chez Sibleys et Arrowsmiths , commissaires-priseurs, évaluateurs, agents fonciers et immobiliers ; quelque chose se passait, pensa-t-il, et, étant paternel avec ses jeunes gens, et très attaché aux capacités de Smith, et prophétisant que, dans dix ou quinze ans, il succéderait au fauteuil en cuir dans la pièce intérieure sous la lucarne. avec les boîtes à titres autour de lui, « s'il garde sa santé », dit M. Brewer, et c'était là le danger – il avait l'air faible ; conseillait le football, l'invitait à dîner et envisageait de recommander une augmentation de salaire, lorsque quelque chose se produisit qui bouleversa bon nombre des calculs de M. Brewer, lui ôta ses jeunes camarades les plus capables, et finalement, tant les doigts étaient indiscrets et insidieux. de la guerre européenne, a brisé un plâtre de Cérès, a creusé un trou dans les parterres de géraniums et a complètement ruiné les nerfs du cuisinier de l'établissement de M. Brewer à Muswell Hill.

Septimus fut l'un des premiers à se porter volontaire. Il est allé en France pour sauver une Angleterre composée presque entièrement de pièces de Shakespeare et de Miss Isabel Pole en robe verte marchant sur une place. Là, dans les tranchées, le changement souhaité par M. Brewer lorsqu'il conseillait le football s'est produit instantanément ; il a développé la virilité; il a été promu ; il a attiré l'attention, voire l'affection de son officier, Evans par son nom. Il s'agissait de deux chiens jouant sur un tapis de cheminée ; l'un agitant une tringle à papier, grondant, cassant, pinçant, de temps en temps, l'oreille du vieux chien ; l'autre couché, somnolent, clignant des yeux devant le feu, levant une patte, se retournant et grognant de bonne humeur. Ils devaient être ensemble, partager, se battre, se disputer. Mais quand Evans (Rezia qui ne l'avait vu qu'une seule fois l'appelait « un homme tranquille », un homme robuste, roux, peu démonstratif en compagnie des femmes), quand Evans fut tué, juste avant l'Armistice, en Italie, Septimus, loin de montrer aucune émotion et de reconnaître que c'était là la fin d'une amitié, se félicitait de ressentir très peu et très raisonnablement. La guerre lui avait appris. C'était sublime. Il avait traversé tout le spectacle, l'amitié, la guerre européenne, la mort, avait obtenu une promotion, avait encore moins de trente ans et était voué à survivre. Il était juste là. Les derniers obus l'ont manqué. Il les regardait exploser avec indifférence. Quand la paix revint, il était à Milan, cantonné dans la maison d'un aubergiste avec cour, fleurs dans des bacs, petites tables en plein air, filles confectionnant des chapeaux, et avec Lucrezia, la plus jeune, il se fiança un soir où la panique était grande. sur lui - qu'il ne pouvait pas sentir.

Car maintenant que tout était fini, la trêve signée et les morts enterrés, il avait, surtout le soir, ces coups de tonnerre soudains de peur. Il ne pouvait pas ressentir. En ouvrant la porte de la pièce où les filles italiennes étaient assises en train de confectionner des chapeaux, il les vit ; je pouvais les entendre; ils frottaient des fils métalliques parmi des perles colorées dans des soucoupes ; ils tournaient des formes de bougran d'un côté et de l'autre ; la table était toute parsemée de plumes, de paillettes, de soieries, de rubans ; des ciseaux frappaient sur la table ; mais quelque chose lui manqua ; il ne pouvait pas sentir. Pourtant, les ciseaux frappant, les filles riant, les chapeaux confectionnés le protégeaient ; il était assuré de sa sécurité ; il avait un refuge. Mais il ne pouvait pas rester là toute la nuit. Il y a eu des moments de réveil tôt le matin. Le lit tombait ; il tombait. Oh pour les ciseaux, la lampe et les formes en bougran ! Il demanda en mariage Lucrezia, la plus jeune des deux, la gaie, la frivole, avec ces petits doigts d'artiste qu'elle levait et disait : « Tout est en eux ». La soie, les plumes, etc. étaient vivantes pour eux.

«C'est le chapeau qui compte le plus», disait-elle lorsqu'ils sortaient ensemble. Chaque chapeau qui passait, elle l'examinait ; et le manteau et la robe et la façon dont la femme se tenait. Mal habillée, trop habillée, elle stigmatisait , non pas sauvagement, mais plutôt avec des mouvements impatients des mains, comme ceux d'un peintre qui met de sa part quelque imposture flagrante et bien intentionnée; puis, généreusement, mais toujours d'un œil critique, elle accueillait une vendeuse qui avait galamment transformé son petit bout d'affaires, ou louait, tout à fait, avec une compréhension enthousiaste et professionnelle, une dame française descendant de sa voiture, en chinchilla, en robe, perles.

"Beau!" murmurait-elle en donnant un coup de coude à Septimus pour qu'il puisse voir. Mais la beauté était derrière une vitre. Même le goût (Rezia aimait les glaces, les chocolats, les choses sucrées) ne lui plaisait pas. Il posa sa tasse sur la petite table de marbre. Il regardait les gens dehors ; ils semblaient heureux, se rassemblant au milieu de la rue, criant, riant, se chamaillant pour un rien. Mais il ne pouvait ni goûter, ni sentir. Dans le salon de thé, parmi les tables et les serveurs bavards, une peur épouvantable l'envahit – il ne pouvait pas la ressentir. Il pouvait raisonner ; il savait lire, Dante par exemple, assez facilement (« Septimus, pose ton livre », dit Rezia en fermant doucement l' *Inferno*), il pouvait additionner son addition ; son cerveau était parfait ; ce devait être la faute du monde alors – qu'il ne pouvait pas ressentir.

« Les Anglais sont tellement silencieux », a déclaré Rezia. Elle a aimé ça, dit-elle. Elle respectait ces Anglais et voulait voir Londres, les chevaux anglais et les costumes sur mesure, et se souvenait d'avoir entendu à quel point les magasins étaient merveilleux, de la part d'une tante qui s'était mariée et vivait à Soho.

C'est peut-être possible, pensa Septimus, regardant l'Angleterre depuis la fenêtre du train, alors qu'ils quittaient Newhaven ; il est possible que le monde lui-même soit dénué de sens.

Au bureau, ils l'ont avancé à un poste de responsabilité considérable. Ils étaient fiers de lui ; il avait gagné des centres. « Vous avez fait votre devoir ; c'est à nous de décider… » commença M. Brewer ; et il ne put achever, tant son émotion était agréable. Ils prirent un logement admirable près de Tottenham Court Road.

Ici, il a ouvert Shakespeare une fois de plus. L'histoire de l'ivresse du langage de ce garçon – *Antoine et Cléopâtre* – s'était complètement ratatinée . Comme Shakespeare détestait l'humanité : s'habiller, avoir des enfants, la sordidité de la bouche et du ventre ! Cela fut maintenant révélé à Septimus ; le message caché dans la beauté des mots. Le signal secret qu'une génération transmet, sous un déguisement, à la suivante, c'est le dégoût, la haine, le désespoir. Dante pareil. Eschyle (traduit) de même. Là, Rezia était assise à table, en train de couper des chapeaux. Elle coiffait des chapeaux pour les amis de Mme Filmer ; elle coupait les chapeaux à l'heure. Elle avait l'air pâle, mystérieuse, comme un lys noyé sous l'eau, pensa-t-il.

« Les Anglais sont si sérieux », disait-elle en entourant Septimus de ses bras, sa joue contre la sienne.

L'amour entre un homme et une femme répugnait à Shakespeare. L'affaire de la copulation était pour lui une saleté avant la fin. Mais, dit Rezia, elle doit avoir des enfants. Ils étaient mariés depuis cinq ans.

Ils allèrent ensemble à la Tour ; au Victoria and Albert Museum; se tenait dans la foule pour voir le roi ouvrir le Parlement. Et il y avait les magasins – des magasins de chapeaux, des magasins de vêtements, des magasins avec des sacs en cuir en vitrine, où elle restait à regarder. Mais elle doit avoir un garçon.

Elle doit avoir un fils comme Septimus, dit-elle. Mais personne ne pourrait être comme Septimus ; si douce; tellement sérieux; si intelligent. Ne pourrait-elle pas aussi lire Shakespeare ? Shakespeare était-il un auteur difficile ? elle a demandé.

On ne peut pas mettre des enfants dans un monde comme celui-ci. On ne peut pas perpétuer la souffrance, ni augmenter la race de ces animaux lubriques, qui n'ont pas d'émotions durables, mais seulement des caprices et des vanités, les bouleversant tantôt comme ceci, tantôt comme cela.

Il la regardait couper, se façonner, comme on regarde un oiseau sauter, virevolter dans l'herbe, sans oser bouger le petit doigt. Car la vérité est (qu'elle l'ignore) que les êtres humains n'ont ni bonté, ni foi, ni charité au-delà de ce qui sert à augmenter le plaisir du moment. Ils chassent en meute. Leurs meutes parcourent le désert et disparaissent en hurlant dans le désert. Ils abandonnent ceux qui sont tombés. Ils sont couverts de grimaces. Il y avait Brewer au bureau, avec sa moustache cirée, son épingle à cravate corail, sa combinaison blanche et ses émotions agréables – tout en lui de froideur et de moiteur, – ses géraniums ruinés pendant la guerre – ses nerfs de cuisinier détruits ; ou Amelia What'shername , distribuant ponctuellement des tasses de thé rondes à cinq heures – une petite harpie obscène et moqueuse ; et les Toms et Bertie dans leurs devants de chemises amidonnés suintant d'épaisses gouttes de vice. Ils ne l'ont jamais vu dessiner des photos d'eux nus lors de leurs pitreries dans son carnet. Dans la rue, des camionnettes passaient devant lui en vrombissant ; la brutalité criait sur les pancartes ; les hommes étaient piégés dans les mines ; des femmes brûlées vives ; et une fois, une file de fous mutilés en train d'être exercés ou affichés pour le divertissement de la population (qui riait à haute voix), se déplaçait, hochait la tête et souriait devant lui, dans Tottenham Court Road, chacun à moitié s'excusant, mais triomphalement, lui infligeant son malheur désespéré. Et deviendrait- *il* fou ?

Au thé, Rezia lui dit que la fille de Mme Filmer attendait un bébé. *Elle* ne pouvait pas vieillir sans avoir d'enfants ! Elle était très seule, elle était très malheureuse ! Elle a pleuré pour la première fois depuis leur mariage. Au loin, il l'entendit sangloter ; il l'entendait bien, il le remarquait distinctement ; il l'a comparé à un bruit sourd de piston. Mais il ne ressentait rien.

Sa femme pleurait et il ne ressentait rien ; seulement, chaque fois qu'elle sanglotait de cette manière profonde, silencieuse et désespérée, il descendait une marche de plus dans la fosse.

Enfin, d'un geste mélodramatique qu'il assuma machinalement et en pleine conscience de son manque de sincérité, il laissa tomber sa tête dans ses mains. Maintenant, il s'était rendu ; maintenant, d'autres personnes doivent l'aider. Il faut faire venir des gens. Il a cédé.

Rien ne pouvait le réveiller. Rezia l'a mis au lit. Elle a fait venir un médecin : Mme. Le Dr Holmes du filmeur. Le Dr Holmes l'a examiné. Il n'y avait rien d'autre, dit le Dr Holmes. Oh, quel soulagement ! Quel homme gentil, quel homme bon ! pensa Rezia. Quand il en avait envie, il allait au Music Hall, a déclaré le Dr Holmes. Il a pris un jour de congé avec sa femme et a joué au golf. Pourquoi ne pas essayer deux tabloïds de bromure dissous dans un verre d'eau au coucher ? Ces vieilles maisons de Bloomsbury, dit le Dr Holmes en tapotant le mur, sont souvent pleines de lambris très fins , que les propriétaires ont la folie de recouvrir. L'autre jour, alors que je rendais visite à un patient, Sir Somebody Something, à Bedford Square...

donc aucune excuse ; rien quoi qu'il en soit, sauf le péché pour lequel la nature humaine l'avait condamné à mort ; qu'il ne ressentait pas. Il s'en fichait quand Evans avait été tué ; c'était pire ; mais tous les autres crimes relevaient la tête et secouaient les doigts et se moquaient et se moquaient par-dessus la barrière du lit aux petites heures du matin du corps prosterné qui gisait, réalisant sa dégradation ; comment il avait épousé sa femme sans l'aimer ; lui avait menti; l'a séduite; » s'indignait Miss Isabel Pole, et était si grêlé et marqué de vice que les femmes frissonnaient en le voyant dans la rue. Le verdict de la nature humaine contre un tel misérable était la mort.

Le Dr Holmes revint. Grand, aux couleurs fraîches , beau, agitant ses bottes, regardant dans la glace, il écarta tout cela — maux de tête, insomnie, peurs, rêves — symptômes nerveux et rien de plus, dit-il. Si le Dr Holmes se retrouvait ne serait-ce qu'une demi-livre en dessous de onze pierres six, il demandait à sa femme une autre assiette de porridge au petit-déjeuner. (Rezia apprendrait à cuisiner du porridge.) Mais, a-t-il poursuivi, la santé est en grande partie une question sous notre propre contrôle. Jetez-vous dans des intérêts extérieurs ; adoptez un passe-temps. Il a ouvert Shakespeare : *Antoine et Cléopâtre* ; écarté Shakespeare. Un passe-temps, dit le Dr Holmes, car ne devait-il pas son excellente santé (et il travaillait aussi dur que n'importe quel homme à Londres) au fait qu'il pouvait toujours abandonner ses patients pour se tourner vers de vieux meubles ? Et quel très joli peigne, si l'on peut dire, que portait Mme Warren Smith !

Lorsque ce foutu imbécile revint, Septimus refusa de le voir. L'a-t-il effectivement fait ? » dit le Dr Holmes en souriant agréablement. En réalité, il devait donner une poussée amicale à cette charmante petite dame, Mme Smith, avant de pouvoir la dépasser et entrer dans la chambre de son mari.

" Alors vous êtes dans un état de déprime, " dit-il aimablement en s'asseyant à côté de son patient. Il avait effectivement parlé de se suicider à sa femme, une jolie fille, une étrangère, n'est-ce pas ? Cela ne lui donnait-il pas une idée très étrange des maris anglais ? N'avait-on pas peut-être un devoir envers sa femme ? Ne vaudrait-il pas mieux faire quelque chose plutôt que de rester au lit ? Car il avait quarante ans d'expérience derrière lui ; et Septimus pouvait croire le docteur Holmes sur parole : il n'avait aucun problème. Et la prochaine fois que le Dr Holmes viendrait, il espérait trouver Smith hors du lit et ne pas inquiéter sa charmante petite dame, sa femme.

La nature humaine, en un mot, était sur lui, la brute répugnante aux narines rouge sang. Holmes était sur lui. Le Dr Holmes venait assez régulièrement chaque jour. Une fois que vous trébuchez, a écrit Septimus au dos d'une carte postale, la nature humaine est sur vous. Holmes est sur vous. Leur seule chance était de s'échapper, sans que Holmes le sache ; en Italie, n'importe où, n'importe où, loin du Dr Holmes.

Mais Rezia ne parvenait pas à le comprendre. Le Dr Holmes était un homme si gentil. Il était tellement intéressé par Septimus. Il voulait seulement les aider, dit-il. Il avait quatre petits enfants et il lui avait demandé de prendre le thé, dit-elle à Septimus.

donc été abandonné. Le monde entier criait : suicidez-vous, suicidez-vous, pour notre bien. Mais pourquoi devrait-il se suicider pour eux ? La nourriture était agréable. le soleil brûlait ; et ce se suicider, comment s'y prend-on, avec un couteau de table, laid, à flots de sang, — en suçant un tuyau de gaz ? Il était trop faible ; il pouvait à peine lever la main. D'ailleurs, maintenant qu'il était tout seul, condamné, abandonné, comme sont seuls ceux qui vont mourir, il y avait là un luxe, un isolement plein de sublime ; une liberté que l'attaché ne pourra jamais connaître. Holmes avait gagné, bien sûr ; la brute aux narines rouges avait gagné. Mais même Holmes lui-même ne pouvait toucher à cette dernière relique égarée au bout du monde, à ce paria qui regardait les régions habitées, qui gisait, tel un marin noyé, sur la rive du monde.

C'est à ce moment-là (Rezia part faire du shopping) qu'a eu lieu la grande révélation. Une voix parla derrière l'écran. Evans parlait. Les morts étaient avec lui.

"Evans, Evans!" il pleure.

M. Smith parlait à voix haute, Agnès, la servante, a crié à Mme Filmer dans la cuisine. "Evans, Evans", avait-il dit alors qu'elle apportait le plateau. Elle a sauté, elle l'a fait. Elle s'est précipitée en bas.

Et Rezia entra avec ses fleurs, traversa la pièce et mit les roses dans un vase sur lequel le soleil frappa directement, et elle se mit à rire en sautant dans la pièce.

Elle avait dû acheter les roses, dit Rezia, à un pauvre homme de la rue. Mais ils étaient déjà presque morts, dit-elle en arrangeant les roses.

donc un homme dehors ; Evans vraisemblablement ; et les roses, que Rezia disait être à moitié mortes, avaient été cueillies par lui dans les champs de Grèce. « La communication est la santé ; la communication est le bonheur, la communication... » marmonna-t-il.

« Que dis-tu, Septimus ? » demanda Rezia, folle de terreur, car il parlait tout seul.

Elle a envoyé Agnès courir chercher le Dr Holmes. Son mari, dit-elle, était fou. Il la connaissait à peine.

« Espèce de brute ! Espèce de brute ! s'écria Septimus en voyant la nature humaine, c'est-à-dire le docteur Holmes, entrer dans la pièce.

"Maintenant, de quoi s'agit-il?" » dit le docteur Holmes de la manière la plus aimable du monde. « Dire des bêtises pour effrayer votre femme ? Mais il lui donnerait quelque chose pour le faire dormir. Et s'ils étaient des gens riches, dit le Dr Holmes en regardant ironiquement autour de la pièce, laissez-les aller à Harley Street ; s'ils n'avaient pas confiance en lui, dit le Dr Holmes, l'air moins aimable.

Il était précisément midi ; douze par Big Ben ; dont le trait s'étendit sur la partie nord de Londres ; mélangé à celui d'autres horloges, mêlé d'une manière subtile et éthérée aux nuages et aux volutes de fumée, et mourut là-haut parmi les mouettes - douze heures sonnèrent alors que Clarissa Dalloway posait sa robe verte sur son lit et que les Warren Smith marchaient dans Harley Street. Douze heures était l'heure de leur rendez-vous. C'était probablement la maison de Sir William Bradshaw, pensa Rezia, avec la voiture grise devant elle. Les cercles de plomb se dissolvèrent dans l'air.

En effet , c'était l'automobile de Sir William Bradshaw ; bas, puissant, gris avec des initiales simples imbriquées sur le panneau, comme si les pompes de l'héraldique étaient incongrues, cet homme étant l'assistant fantomatique, le prêtre de la science ; et, comme l'automobile était grise, pour correspondre à sa sobre suavité, des fourrures grises, des tapis gris argentés y étaient entassés, pour garder madame au chaud pendant qu'elle attendait. Car souvent, Sir William parcourait soixante milles ou plus à travers le pays pour rendre visite aux riches, aux affligés, qui pouvaient se permettre les honoraires très élevés que Sir William facturait à juste titre pour ses conseils. Sa Seigneurie attendit avec les couvertures autour de ses genoux une heure ou plus, se penchant en arrière, pensant tantôt au patient, tantôt, excusablement, au mur d'or qui montait de minute en minute pendant qu'elle attendait ; le mur d'or qui s'élevait entre eux et tous les changements et toutes les angoisses (elle les avait supportés courageusement ; ils avaient eu leurs luttes) jusqu'à ce qu'elle se sente coincée sur un océan calme, où seuls soufflent des vents épicés ; respectée, admirée, enviée, n'ayant presque plus rien à souhaiter, même si elle regrettait son embonpoint ; de grands dîners tous les jeudis soir pour la profession ; un bazar occasionnel doit être ouvert ; La royauté accueillie ; trop peu de temps, hélas, avec son mari, dont le travail ne cessait de croître ; un garçon qui réussit bien à Eton ; elle aurait aimé avoir une fille aussi ; Elle avait cependant de nombreux intérêts ; protection de l'enfance; le suivi des épileptiques et la photographie, de sorte que s'il y avait un bâtiment d'église, ou une église en ruine, elle soudoyait le sacristain, obtenait la clé et prenait des photographies, qui ne se distinguaient guère du travail des professionnels, tandis que elle a attendu.

Sir William lui-même n'était plus jeune. Il avait travaillé très dur ; il avait gagné sa position grâce à ses seules capacités (étant le fils d'un commerçant) ; il aimait son métier; faisait une belle figure de proue lors des cérémonies et parlait bien - tout cela, au moment où il fut fait chevalier, lui avait donné un air lourd, un air las (le flot de patients étant si incessant, les responsabilités et les privilèges de sa profession si onéreux), qui la lassitude, ainsi que ses cheveux gris, augmentaient l'extraordinaire distinction de sa présence et lui donnaient la réputation (de la plus haute importance dans le traitement des cas nerveux) non seulement d'habileté fulgurante et d'exactitude presque infaillible dans le diagnostic, mais de sympathie ; tact; compréhension de l'âme humaine. Il pouvait voir le premier instant où ils entraient dans la pièce (les Warren Smith, on les appelait) ; il était certain d'avoir vu l'homme immédiatement ; c'était un cas d'une extrême gravité. Il s'agissait d'un effondrement complet, d'un effondrement physique et nerveux complet, avec tous les symptômes à un stade avancé, qu'il constatait en deux ou trois minutes (en écrivant les réponses aux questions, murmurées discrètement, sur une carte rose).

Depuis combien de temps le Dr Holmes le soignait-il ?

Six semaines.

Prescrit un peu de bromure ? Vous avez dit qu'il n'y avait rien de grave ? Ah oui (ces médecins généralistes ! pensa Sir William. Il lui fallut la moitié de son temps pour réparer leurs erreurs. Certaines étaient irréparables).

« Vous avez servi avec une grande distinction pendant la guerre ? »

Le patient répéta le mot « guerre » de manière interrogative.

Il attachait une signification aux mots de nature symbolique. Un symptôme grave, à noter sur la carte.

"La guerre?" » demanda le patient. La guerre européenne, ce petit brillant d'écoliers avec de la poudre à canon ? Avait-il servi avec distinction ? Il a vraiment oublié. Durant la guerre elle-même, il avait échoué.

« Oui, il a servi avec la plus grande distinction », assura Rezia au médecin ; "il a été promu."

« Et ils ont la plus haute opinion de vous dans votre bureau ? » murmura Sir William en jetant un coup d'œil à la lettre très généreusement formulée de M. Brewer. "Pour que tu n'aies rien à craindre, aucune angoisse financière, rien ?"

Il avait commis un crime épouvantable et avait été condamné à mort par la nature humaine.

« J'ai... j'ai, commença-t-il, commis un crime... »

"Il n'a rien fait de mal", a assuré Rezia au médecin. Si M. Smith attendait, dit Sir William, il parlerait à Mme Smith dans la pièce voisine. Son mari était très gravement malade, a déclaré Sir William. A-t-il menacé de se suicider ?

Oh, il l'a fait, a-t-elle pleuré. Mais il ne le pensait pas, dit-elle. Bien sûr que non. C'était simplement une question de repos, dit Sir William ; du repos, du repos, du repos; un long repos au lit. Il y avait une charmante maison à la campagne où son mari serait parfaitement soigné. Loin d'elle? elle a demandé. Malheureusement oui; les personnes dont nous prenons soin le plus ne sont pas bonnes pour nous lorsque nous sommes malades. Mais il n'était pas fou, n'est-ce pas ? Sir William a déclaré qu'il n'avait jamais parlé de « folie » ; il a qualifié cela de manque de sens des proportions. Mais son mari n'aimait pas les médecins. Il refuserait d'y aller. Sir William lui expliqua brièvement et gentiment l'état de l'affaire. Il avait menacé de se suicider. Il n'y avait pas d'alternative. C'était une question de droit. Il se coucherait dans une belle maison de campagne. Les infirmières étaient admirables. Sir William lui rendait visite une fois par semaine. Si Mme Warren Smith était sûre de n'avoir plus de questions à poser — il ne pressait jamais ses patients — ils retourneraient auprès de son mari. Elle n'avait plus rien à demander, pas à Sir William.

donc vers les hommes les plus élevés ; le criminel qui faisait face à ses juges ; la victime exposée sur les hauteurs ; le fugitif; le marin noyé ; le poète de l'ode immortelle ; le Seigneur qui était passé de la vie à la mort ; à Septimus Warren Smith, assis dans le fauteuil sous la lucarne, regardant une photo de Lady Bradshaw en tenue de cour, marmonnant des messages sur la beauté.

"Nous avons eu notre petite conversation", a déclaré Sir William.

« Il dit que tu es très, très malade », a pleuré Rezia.

« Nous avons pris des dispositions pour que vous entriez dans une maison », dit Sir William.

« Une des maisons de Holmes ? » ricana Septimus.

Le type a fait une impression désagréable. Car il y avait chez Sir William, dont le père avait été commerçant, un respect naturel pour l'éducation et l'habillement, que la misère irritait ; encore plus profondément, il y avait chez Sir William, qui n'avait jamais eu le temps de lire, une rancune profondément enfouie contre les gens cultivés qui entraient dans sa chambre et laissaient entendre que les médecins , dont la profession met constamment à rude épreuve toutes les facultés les plus élevées, ne sont pas des hommes instruits.

« Une de *mes* maisons, M. Warren Smith, dit-il, où nous vous apprendrons à vous reposer.

Et il y avait juste une chose de plus.

Il était certain que lorsque M. Warren Smith se portait bien, il était le dernier homme au monde à effrayer sa femme. Mais il avait parlé de se suicider.

"Nous avons tous nos moments de dépression", a déclaré Sir William.

Une fois que vous tombez, se répétait Septimus, la nature humaine est sur vous. Holmes et Bradshaw s'en prennent à vous. Ils parcourent le désert. Ils volent en hurlant dans le désert. La crémaillère et la vis moletée sont appliquées. La nature humaine est impitoyable.

« Des impulsions lui venaient parfois ? » demanda Sir William, avec son crayon sur une carte rose.

C'était sa propre affaire, dit Septimus.

"Personne ne vit pour lui seul", a déclaré Sir William en jetant un coup d'œil à la photo de sa femme en tenue de cour.

"Et vous avez une brillante carrière devant vous", a déclaré Sir William. Il y avait la lettre de M. Brewer sur la table. « Une carrière exceptionnellement brillante. »

Mais s'il avouait ? S'il communiquait ? Le laisseraient-ils alors tranquille, ses tortionnaires ?

« Je… je… » balbutia-t-il.

Mais quel était son crime ? Il ne s'en souvenait pas.

"Oui ?" Sir William l'encouragea. (Mais il se faisait tard.)

L'amour, les arbres, il n'y a pas de crime, quel était son message ?

Il ne s'en souvenait pas.

« Je… je… » balbutia Septimus.

«Essayez de penser le moins possible à vous-même», dit gentiment Sir William. Vraiment, il n'était pas digne d'être là.

Y avait-il autre chose qu'ils souhaitaient lui demander ? Sir William prendrait toutes les dispositions (murmura-t-il à Rezia) et il lui ferait savoir entre cinq et six heures du soir, murmura-t-il.

« Confiez-moi tout », dit-il avant de les congédier.

Jamais, jamais Rezia n'avait ressenti une telle agonie de sa vie ! Elle avait demandé de l'aide et avait été abandonnée ! Il les avait laissés tomber ! Sir William Bradshaw n'était pas un homme gentil.

L'entretien de cette automobile à lui seul doit lui coûter beaucoup d'argent, dit Septimus lorsqu'ils descendirent dans la rue.

Elle s'accrochait à son bras. Ils avaient été abandonnés.

Mais que voulait-elle de plus ?

Il donnait à ses patients trois quarts d'heure ; et si dans cette science exigeante qui concerne ce que nous ne savons finalement rien : le système nerveux, le cerveau humain, un médecin perd le sens des proportions, en tant que médecin, il échoue. La santé que nous devons avoir ; et la santé est proportionnée ; de sorte que lorsqu'un homme entre dans votre chambre et dit qu'il est le Christ (une illusion courante), qu'il a un message, comme c'est le cas pour la plupart d'entre eux, et qu'il menace, comme ils le font souvent, de se suicider, vous invoquez la proportion ; ordonner le repos au lit ; reposez-vous dans la solitude; silence et repos; reposez-vous sans amis, sans livres, sans messages ; six mois de repos ; jusqu'à ce qu'un homme qui était entré et qui pesait sept pierres six en ressorte en pesant douze.

La proportion, la proportion divine, la déesse de Sir William, a été acquise par Sir William ambulant dans les hôpitaux, attrapant le saumon, engendrant un fils à Harley Street par Lady Bradshaw, qui pêchait elle-même le saumon et prenait des photographies qui se distinguaient à peine du travail des professionnels. Adorant la proportion, Sir William non seulement prospéra, mais fit prospérer l'Angleterre, isola ses fous, interdisa l'accouchement, pénalisa le désespoir, rendit impossible aux inaptes de propager leurs opinions jusqu'à ce qu'eux aussi partagent son sens des proportions - le sien, s'ils l'étaient. des hommes, ceux de Lady Bradshaw s'ils étaient des femmes (elle brodait, tricotait, passait quatre nuits sur sept à la maison avec son fils), de sorte que non seulement ses collègues le respectaient, mais que ses subordonnés le craignaient, mais que les amis et les relations de ses patients éprouvait pour lui la plus vive gratitude pour avoir insisté pour que ces Christs et Christesses prophétiques , qui prophétisaient la fin du monde, ou l'avènement de Dieu, boivent du lait au lit, comme l'ordonnait Sir William ; Sir William, avec ses trente années d'expérience dans ce genre de cas et son instinct infaillible, c'est de la folie, ce sens ; en fait, son sens des proportions.

Mais Proportion a une sœur, moins souriante, plus redoutable, une Déesse déjà engagée — dans la chaleur et les sables de l'Inde, la boue et les marécages de l'Afrique, les environs de Londres, partout où enfin le climat ou le diable tente les hommes de tomber. de la vraie croyance qui est la sienne - est même maintenant occupée à renverser des sanctuaires, à briser des idoles et à mettre à leur place son propre visage sévère. La conversion est son nom et elle se régale de la volonté des faibles, aimant impressionner, imposer, adorant ses propres traits imprimés sur le visage de la population. À Hyde Park Corner, sur une baignoire , elle prêche ; s'enveloppe de blanc et marche pénitentiellement, déguisée en amour fraternel, à travers les usines et les parlements ; offre de l'aide, mais désire le pouvoir ; frappe brutalement les dissidents ou les insatisfaits; accorde sa bénédiction à ceux qui, regardant vers le haut, captent docilement de ses yeux la lumière qui leur est propre. Cette dame aussi (Rezia Warren Smith l'a deviné) avait sa demeure dans le cœur de Sir William, bien que cachée, comme elle l'est la plupart du temps, sous un déguisement plausible ; un nom vénérable ; amour, devoir, sacrifice de soi . Comment il travaillerait — comment travailler dur pour lever des fonds, propager des réformes, lancer des institutions ! Mais la conversion, Déesse exigeante, aime le sang plus que la brique et se régale plus subtilement de la volonté humaine. Par exemple, Lady Bradshaw. Il y a quinze ans , elle avait fait faillite. Ce n'était rien sur quoi vous pouviez mettre le doigt ; il n'y avait eu aucune scène, aucun instantané ; seulement le lent enfoncement, gorgé d'eau, de sa volonté dans la sienne. Son sourire était doux, sa soumission rapide ; le dîner à Harley Street, composé de huit ou neuf plats, nourrissant dix ou quinze invités des classes professionnelles, s'est déroulé sans heurts et avec courtoisie. Ce n'est qu'au fur et à mesure que la soirée avançait qu'un très léger ennui , ou peut-être un malaise, un tic nerveux, un tâtonnement, un trébuchement et une confusion indiquaient ce qu'il était vraiment douloureux de croire : que la pauvre dame avait menti. Autrefois, il y avait bien longtemps, elle avait pêché du saumon en toute liberté : maintenant, prompte à répondre à l'envie de domination, de pouvoir qui éclairait si huileusement les yeux de son mari , elle se cramponnait, serrait, parait, élaguait, reculait, regardait à travers ; de sorte que sans savoir précisément ce qui rendait la soirée désagréable et provoquait cette pression sur le sommet de la tête (qu'on pourrait bien imputer à la conversation professionnelle, ou à la fatigue d'un grand médecin dont la vie, disait Lady Bradshaw, « n'est pas la sienne) propre mais ses patients' ») était désagréable : de sorte que les invités, lorsque l'horloge sonnait dix, respiraient l'air de Harley Street même avec ravissement ; quel soulagement, cependant, a été refusé à ses patients.

Là, dans la pièce grise, avec les tableaux aux murs et les meubles précieux, sous la lucarne en verre dépoli, ils apprirent l'étendue de leurs transgressions ; blottis dans des fauteuils, ils le regardaient faire, pour eux, un curieux exercice avec les bras, qu'il lançait, ramenait brusquement jusqu'à sa hanche, pour prouver (si le patient était obstiné) que Sir William était le maître. de ses propres actions, ce que le patient n'était pas. Là, certains sont faiblement tombés en panne ; sanglotait, soumis; d'autres, inspirés par Dieu sait quelle folie intempérante, traitaient Sir William en face de foutue satanée ; remis en question, encore plus impiement, la vie elle-même. Pourquoi vivre ? » ont-ils demandé. Sir William a répondu que la vie était belle. Certes, Lady Bradshaw en plumes d'autruche était accrochée au-dessus de la cheminée, et quant à son revenu, il était de douze mille dollars par an. Mais pour nous, protestèrent-ils, la vie ne nous a pas offert une telle générosité. Il a acquiescé. Il leur manquait le sens des proportions. Et peut-être qu'après tout, Dieu n'existe pas ? Il haussa les épaules. Bref, vivre ou ne pas vivre, c'est notre affaire ? Mais là, ils se sont trompés. Sir William avait un ami dans le Surrey où ils enseignaient ce que Sir William admettait franchement être un art difficile : le sens des proportions. Il y avait, en outre, de l'affection familiale ; honneur ; courage; et une brillante carrière. Tous avaient en la personne de Sir William un champion résolu. S'ils ne lui répondaient pas, il devait soutenir la police et le bien de la société qui, remarqua-t-il très doucement, veillerait, dans le Surrey, à ce que ces pulsions antisociales, engendrées plus que tout par le manque de bon sang, soient contenues. contrôle. Et puis elle s'est enfuie de sa cachette et est montée sur son trône cette Déesse dont le désir est de surmonter l'opposition, d'imprimer de manière indélébile dans les sanctuaires des autres l'image d'elle-même. Nus, sans défense , épuisés, sans amis, ils reçurent l'empreinte du testament de Sir William. Il a plongé ; il a dévoré. Il faisait taire les gens. C'est cette combinaison de décision et d'humanité qui a tant rendu Sir William cher aux relations de ses victimes.

Mais Rezia Warren Smith a pleuré, en marchant dans Harley Street, qu'elle n'aimait pas cet homme.

Déchiquetant et coupant, divisant et subdivisant, les horloges de Harley Street grignotaient le jour de juin, conseillaient la soumission, soutenaient l'autorité et soulignaient en chœur les avantages suprêmes du sens des proportions, jusqu'à ce que le temps soit tellement diminué qu'un Une horloge commerciale, suspendue au-dessus d'une boutique d'Oxford Street, annonçait cordialement et fraternellement, comme si c'était un plaisir pour

MM. Rigby et Lowndes de donner gratuitement l'information, qu'il était une heure et demie.

En levant les yeux, il apparut que chaque lettre de leur nom représentait une des heures ; inconsciemment on était reconnaissant à Rigby et Lowndes pour donner une fois ratifiée par Greenwich; et cette gratitude (c'est ce que ruminait Hugh Whitbread en s'attardant devant la vitrine du magasin) prit naturellement plus tard la forme du rachat de chaussettes ou de chaussures à Rigby et Lowndes. Alors il a ruminé. C'était son habitude. Il n'est pas allé en profondeur. Il brossait les surfaces ; les langues mortes, les vivants, la vie à Constantinople, Paris, Rome ; l'équitation, le tir, le tennis, c'était autrefois. Les méchants affirmaient qu'il montait désormais la garde au palais de Buckingham, vêtu de bas de soie et de culottes courtes, pour ce que personne ne savait. Mais il l'a fait de manière extrêmement efficace. Il faisait partie de la crème de la société anglaise depuis cinquante-cinq ans. Il avait connu des Premiers ministres. Ses affections étaient considérées comme profondes. Et s'il était vrai qu'il n'avait pris part à aucun des grands mouvements de l'époque ni occupé de fonctions importantes, une ou deux humbles réformes étaient à son actif ; une amélioration des abris publics en était une ; la protection des hiboux dans le Norfolk en est une autre ; les servantes avaient des raisons de lui en être reconnaissantes ; et son nom à la fin des lettres au *Times* , demandant des fonds, appelant le public à protéger, à préserver, à éliminer les déchets, à réduire la fumée et à éradiquer l'immoralité dans les parcs, imposait le respect.

Il avait aussi une silhouette magnifique, s'arrêtant un instant (alors que le bruit de la demi-heure s'éteignait) pour regarder d'un œil critique et magistral les chaussettes et les chaussures ; impeccable, substantiel, comme s'il regardait le monde d'une certaine éminence et habillé en conséquence ; mais il se rendait compte des obligations qu'impliquent la taille, la richesse, la santé, et observait scrupuleusement, même quand cela n'était pas absolument nécessaire, de petites courtoisies, des cérémonies démodées qui donnaient une qualité à ses manières, quelque chose à imiter, quelque chose pour se souvenir de lui, car il voulait ne jamais déjeuner, par exemple, avec Lady Bruton, qu'il connaissait depuis vingt ans, sans lui apporter dans sa main tendue un bouquet d'œillets et sans demander à Miss Brush, la secrétaire de Lady Bruton, des nouvelles de son frère en Afrique du Sud, ce qui, pour une raison quelconque, , Miss Brush, si déficiente qu'elle fût dans tous les attributs du charme féminin, était si irritée qu'elle disait : « Merci, il se porte très bien en Afrique du Sud », alors que, depuis une demi-douzaine d'années, il se portait mal à Portsmouth.

Lady Bruton elle-même préféra Richard Dalloway, qui arriva au moment suivant. En effet, ils se sont rencontrés sur le pas de la porte.

Lady Bruton préférait bien sûr Richard Dalloway. Il était fait d'un matériau beaucoup plus fin. Mais elle ne les laisserait pas s'en prendre à son pauvre cher Hugh. Elle ne pouvait jamais oublier sa gentillesse – il avait été vraiment remarquablement gentil – elle oubliait précisément à quelle occasion. Mais il avait été… remarquablement gentil. De toute façon, la différence entre un homme et un autre n'est pas grande. Elle n'avait jamais vu l'intérêt de découper les gens, comme le faisait Clarissa Dalloway – de les découper et de les recoller ; en tout cas pas quand on avait soixante-deux ans. Elle prit les œillets de Hugh avec son sourire sinistre et anguleux. Personne d'autre ne venait, dit-elle. Elle les avait amenés là sous de faux prétextes , pour l'aider à se sortir d'une difficulté...

«Mais mangeons d'abord», dit-elle.

Et ainsi commença un va-et-vient silencieux et exquis à travers les portes battantes de servantes en tablier et à casquette blanche, servantes non par nécessité, mais adeptes d'un mystère ou d'une grande tromperie pratiquée par les hôtesses de Mayfair de 13h30 à 14h00, quand, avec un geste de la main, le trafic cesse, et à la place surgit cette profonde illusion, en premier lieu, sur la nourriture – comment elle n'est pas payée ; et puis que la table se couvre volontairement de verre et d'argent, de petits dessous de plat, de soucoupes de fruits rouges ; films de masque crème marron au turbot ; dans les cocottes nagent les poulets coupés ; coloré , non domestique, le feu brûle ; et avec le vin et le café (non payés) surgissent de joyeuses visions devant des yeux songeurs ; des yeux doucement spéculatifs; des yeux pour qui la vie apparaît musicale, mystérieuse ; les yeux s'allumèrent maintenant pour observer avec bonté la beauté des œillets rouges que Lady Bruton (dont les mouvements étaient toujours anguleux) avait déposés à côté de son assiette, de sorte que Hugh Whitbread, se sentant en paix avec l'univers entier et en même temps complètement sûr de sa position , dit en posant sa fourchette,

"Ne seraient-ils pas charmants contre ta dentelle?"

Miss Brush était extrêmement mécontente de cette familiarité. Elle le considérait comme un homme sous-racé. Elle a fait rire Lady Bruton.

Lady Bruton leva les œillets, les tenant assez raidement avec à peu près la même attitude avec laquelle le général tenait le parchemin du tableau derrière elle ; elle restait figée, en transe. Qui était-elle désormais, l'arrière-petite-fille du général ? arrière-arrière-petite-fille ? » se demandait Richard Dalloway. Sir Roderick, Sir Miles, Sir Talbot, c'était tout. Il était remarquable de constater à quel point, dans cette famille, la ressemblance persistait chez les femmes. Elle aurait dû être elle-même générale de dragons. Et Richard aurait servi sous ses ordres avec joie ; il avait pour elle le plus grand respect ; il aimait ces vues romantiques sur les vieilles femmes bien rangées et de race, et aurait aimé, avec sa bonne humeur , amener quelques jeunes têtes brûlées de sa connaissance à déjeuner avec elle ; comme si un type comme le sien pouvait être engendré par d'aimables amateurs de thé ! Il connaissait son pays. Il connaissait son peuple. Il y avait une vigne, encore en production, sous laquelle Lovelace ou Herrick — elle n'avait jamais lu un mot de poésie elle-même, mais c'est ce que raconte l'histoire — étaient assis. Mieux vaut attendre pour leur poser la question qui la dérangeait (sur un appel au public ; si oui, dans quels termes, etc.), mieux vaut attendre qu'ils aient pris leur café, pensa Lady Bruton ; et ainsi déposa les œillets à côté de son assiette.

"Comment va Clarissa?" » demanda-t-elle brusquement.

Clarissa disait toujours que Lady Bruton ne l'aimait pas. En effet, Lady Bruton avait la réputation de s'intéresser davantage à la politique qu'aux gens ; de parler comme un homme; d'avoir participé à quelque intrigue notoire des années quatre-vingt, dont les mémoires commençaient à parler. Il y avait certainement une alcôve dans son salon, et une table dans cette alcôve, et une photographie sur cette table du général Sir Talbot Moore, aujourd'hui décédé, qui avait écrit là (un soir des années 80) en présence de Lady Bruton, avec sa connaissance , peut-être un conseil, un télégramme ordonnant aux troupes britanniques d'avancer lors d'une occasion historique. (Elle garda le stylo et raconta l'histoire.) Ainsi, lorsqu'elle dit avec désinvolture : « Comment va Clarissa ? Les maris avaient du mal à persuader leurs femmes et en fait, aussi dévoués soient-ils, ils doutaient secrètement de l'intérêt qu'elle portait aux femmes qui gênaient souvent leurs maris, les empêchaient d'accepter des postes à l'étranger et devaient être emmenées au bord de la mer au milieu. de la séance pour se remettre de la grippe. Néanmoins sa question, "Comment va Clarissa?" Les femmes savaient infailliblement qu'il s'agissait d'un signal émanant d'un sympathisant, d'un compagnon presque silencieux, dont les paroles (une demi-douzaine peut-être au cours d'une vie) signifiaient la reconnaissance d'une certaine camaraderie féminine qui allait au-delà des déjeuners masculins et unissait Lady Bruton et Mme Dalloway, qui se rencontraient rarement et apparaissaient lorsqu'elles se rencontraient indifférentes et même hostiles, dans un lien singulier.

« J'ai rencontré Clarissa dans le parc ce matin », dit Hugh Whitbread en plongeant dans la cocotte, impatient de se rendre ce petit hommage, car il n'avait qu'à venir à Londres et il rencontrait tout le monde en même temps ; mais avide, l'un des hommes les plus avides qu'elle ait jamais connu, pensa Milly Brush, qui observait les hommes avec une rectitude sans faille et était capable d'une dévotion éternelle, envers son propre sexe en particulier, étant noueuse, grattée, anguleuse et totalement dépourvue de charme féminin. .

"Savez-vous qui est en ville?" » dit soudain Lady Bruton en repensant à elle. "Notre vieil ami, Peter Walsh."

Ils ont tous souri. Peter Walsh! Et M. Dalloway était vraiment heureux, pensa Milly Brush ; et M. Whitbread ne pensait qu'à son poulet.

Peter Walsh! Tous trois, Lady Bruton, Hugh Whitbread et Richard Dalloway, se souvenaient de la même chose : à quel point Peter avait été passionnément amoureux ; été rejeté ; je suis allé en Inde; viens un cropper; fait un gâchis; et Richard Dalloway avait aussi une très grande sympathie pour ce cher vieux. Milly Brush l'a vu ; j'ai vu une profondeur dans le marron de ses yeux ; je l'ai vu hésiter; considérer; ce qui l'intéressait, comme M. Dalloway l'intéressait toujours, car que pensait-il, se demanda-t-elle, de Peter Walsh ?

Que Peter Walsh avait été amoureux de Clarissa ; qu'il reviendrait immédiatement après le déjeuner et retrouverait Clarissa ; qu'il lui dirait, en tant de mots, qu'il l'aimait. Oui, il dirait ça.

Milly Brush aurait presque pu tomber amoureuse de ces silences ; et M. Dalloway a toujours été si fiable ; un tel gentleman aussi. Maintenant, à quarante ans, Lady Bruton n'avait qu'à hocher la tête, ou à tourner la tête un peu brusquement, et Milly Brush prenait le signal, si profondément qu'elle fût plongée dans ces reflets d'un esprit détaché, d'une âme intacte que la vie ne pouvait embobiner. , parce que la vie ne lui avait pas offert un bibelot de la moindre valeur ; pas une boucle, un sourire, une lèvre, une joue, un nez ; rien du tout; Lady Bruton n'eut qu'à hocher la tête et Perkins fut chargé d'accélérer le café.

"Oui; Peter Walsh est revenu », a déclaré Lady Bruton. C'était vaguement flatteur pour tous. Il était revenu, battu, sans succès, sur leurs rivages sûrs. Mais l'aider, pensaient-ils, était impossible ; il y avait un défaut dans son caractère. Hugh Whitbread a déclaré qu'on pouvait bien sûr mentionner son nom à un tel. En conséquence, il fronça les sourcils lugubrement à la pensée des lettres qu'il écrirait aux chefs des bureaux du gouvernement au sujet de « mon vieil ami, Peter Walsh », et ainsi de suite. Mais cela ne mènerait à rien — rien de permanent, à cause de son caractère.

— J'ai des ennuis avec une femme, dit Lady Bruton. Ils avaient tous deviné que *c'était* là le fond du problème.

"Cependant", dit Lady Bruton, désireuse de quitter le sujet, "nous entendrons toute l'histoire de Peter lui-même."

(Le café mettait beaucoup de temps à arriver.)

"L'adresse?" murmura Hugh Whitbread ; et il y eut aussitôt une ondulation dans la marée grise du service qui entourait Lady Bruton jour après jour, la collectant, l'interceptant, l'enveloppant dans un tissu fin qui brisait les commotions cérébrales, atténuait les interruptions et se répandait autour de la maison de Brook Street. un fin filet où les objets se logeaient et étaient repérés avec précision, instantanément, par Perkins aux cheveux gris, qui avait été avec Lady Bruton pendant trente ans et qui notait maintenant l'adresse ; Le tendit à M. Whitbread, qui sortit son portefeuille, haussa les sourcils et le glissant parmi des documents de la plus haute importance, dit qu'il demanderait à Evelyn de l'inviter à déjeuner.

(Ils attendaient pour apporter le café que M. Whitbread ait fini.)

Hugh était très lent, pensa Lady Bruton. Il commençait à grossir, remarqua-t-elle. Richard s'est toujours maintenu en bonne condition physique. Elle commençait à s'impatienter ; tout son être était en train de rejeter de manière positive, indéniable et dominatrice toutes ces bagatelles inutiles (Peter Walsh et ses affaires) sur ce sujet qui attirait son attention, et non seulement son attention, mais cette fibre qui était le bâton de son âme, cette partie essentielle d'elle sans laquelle Millicent Bruton n'aurait pas été Millicent Bruton ; ce projet visant à émigrer des jeunes des deux sexes nés de parents respectables et à leur donner de bonnes chances de réussir au Canada. Elle a exagéré. Elle avait peut-être perdu le sens des proportions. L'émigration n'était pas pour d'autres le remède évident, la conception sublime. Ce n'était pas pour eux (ni pour Hugh, ni pour Richard, ni même pour la dévouée Miss Brush) la libératrice de l'égoïsme refoulé, qu'une femme martiale forte, bien nourrie, de bonne descendance, aux impulsions directes, aux sentiments francs et peu de pouvoir introspectif. (large et simple — pourquoi tout le monde ne pourrait-il pas être large et simple ? demanda-t-elle) sent s'élever en elle, une fois la jeunesse passée, et doit se jeter sur un objet — ce peut être l'émigration, ce peut être l'émancipation ; mais quoi qu'il en soit, cet objet autour duquel se cache quotidiennement l'essence de son âme, devient inévitablement prismatique, brillant, moitié miroir, moitié pierre précieuse ; maintenant soigneusement caché au cas où les gens s'en moqueraient ; maintenant fièrement affiché. En bref, l'émigration était devenue en grande partie Lady Bruton.

Mais il fallait qu'elle écrive. Et une lettre au *Times* , disait-elle à Miss Brush, lui coûtait plus cher que l' organisation d'une expédition en Afrique du Sud (ce qu'elle avait fait pendant la guerre). Après une matinée de bataille qui commençait, déchirait, recommençait, elle ressentait la futilité de sa propre féminité comme elle ne l'avait ressenti à aucune autre occasion, et se tournait avec reconnaissance vers la pensée de Hugh Whitbread qui possédait - personne ne pouvait en douter - l'art d'écrire des lettres au *Times* .

Un être si différemment constitué d'elle, avec une telle maîtrise du langage ; capable de présenter les choses comme le disent des éditeurs comme eux ; avait des passions qu'on ne pouvait pas appeler simplement avidité. Lady Bruton suspendait souvent son jugement sur les hommes par déférence pour l'accord mystérieux dans lequel eux, mais aucune femme, se conformaient aux lois de l'univers ; savait comment présenter les choses; savait ce qui était dit; de sorte que si Richard lui conseillait et que Hugh écrivait pour elle, elle était sûre d'avoir, d'une manière ou d'une autre, raison. Alors elle laissa Hugh manger son soufflé ; demandé après la pauvre Evelyn; j'ai attendu qu'ils fument, puis j'ai dit :

"Milly, veux-tu aller chercher les papiers ?"

Et Miss Brush sortit, revint ; posé des papiers sur la table ; et Hugh sortit son stylo plume ; son stylo-plume en argent, qui avait fait vingt ans de service, dit-il en dévissant le capuchon. Elle était encore en parfait état ; il l'avait montré aux créateurs ; il n'y avait aucune raison, disaient-ils, pour qu'il s'use un jour ; ce qui était en quelque sorte au crédit de Hugh, et au crédit des sentiments que sa plume exprimait (c'est ce que ressentait Richard Dalloway) lorsque Hugh commença à écrire soigneusement des lettres majuscules entourées d'anneaux dans la marge, et réduisit ainsi merveilleusement les enchevêtrements de Lady Bruton au sens, au sens. grammaire telle que le rédacteur en chef du *Times* , Lady Bruton a estimé, en regardant la merveilleuse transformation, qu'elle devait la respecter. Hugh était lent. Hugh était obstiné. Richard a dit qu'il fallait prendre des risques. Hugh proposa des modifications par respect pour les sentiments des gens, qui, dit-il d'un ton plutôt acerbe lorsque Richard riait, « devaient être pris en considération », et il lut « comment, par conséquent, nous sommes d'avis que les temps sont mûrs... la jeunesse superflue de notre population sans cesse croissante... ce que nous devons aux morts... » Ce que Richard considérait comme de la farce et de la foutaise, mais cela ne faisait aucun mal, bien sûr, et Hugh continuait à rédiger des sentiments par ordre alphabétique de la plus haute noblesse, effleurant la cendre de cigare de son gilet, et résumant de temps en temps les progrès qu'ils avaient accomplis jusqu'à ce que, finalement, il lise le brouillon d'une lettre dont Lady Bruton était certaine qu'elle était un chef-d'œuvre. Sa propre signification pourrait-elle ressembler à cela ?

Hugh ne pouvait pas garantir que l'éditeur le publierait ; mais il rencontrerait quelqu'un au déjeuner.

Sur quoi Lady Bruton, qui faisait rarement quelque chose de gracieux, fourra tous les œillets de Hugh sur le devant de sa robe et, levant les mains, l'appela « Mon Premier Ministre ! Ce qu'elle aurait fait sans eux deux, elle ne le savait pas. Ils se levèrent. Et Richard Dalloway s'en alla comme d'habitude jeter un coup d'œil au portrait du général, parce qu'il avait l'intention, chaque fois qu'il aurait un moment de loisir, d'écrire une histoire de la famille de Lady Bruton.

Et Millicent Bruton était très fière de sa famille. Mais ils pouvaient attendre, ils pouvaient attendre, dit-elle en regardant la photo ; c'est-à-dire que sa famille, composée de militaires, d'administrateurs, d'amiraux, avait été des

hommes d'action, qui avaient fait leur devoir ; et le premier devoir de Richard
était envers son pays, mais c'était un beau visage, dit-elle ; et tous les papiers
étaient prêts pour Richard à Aldmixton chaque fois que le moment était venu
; le gouvernement travailliste , elle voulait dire. « Ah, les nouvelles de l'Inde !
elle a pleuré.

Et puis, alors qu'ils se tenaient dans le couloir en train de prendre des gants
jaunes dans le bol posé sur la table en malachite et que Hugh offrait à Miss
Brush, avec une courtoisie tout à fait inutile, un billet abandonné ou un autre
compliment, qu'elle détestait du plus profond de son cœur et rougissait en
rouge brique, Richard se tourna vers Lady Bruton, son chapeau à la main, et
dit :

« Nous vous verrons à notre fête ce soir ? » sur quoi Lady Bruton reprit la
magnificence que l'écriture des lettres avait brisée. Elle pourrait venir ; ou elle
pourrait ne pas venir. Clarissa avait une énergie merveilleuse. Les fêtes
terrifiaient Lady Bruton. Mais ensuite, elle vieillissait. C'est ce qu'elle a laissé
entendre, debout sur le pas de sa porte ; beau; très dressé ; tandis que sa
nourriture s'étendait derrière elle, et que Miss Brush disparaissait dans le
décor, les mains pleines de papiers.

Et Lady Bruton monta lourdement, majestueusement, jusqu'à sa chambre,
étendue, un bras tendu, sur le canapé. Elle soupirait, elle ronflait, non pas
qu'elle dormait, seulement somnolente et lourde, somnolente et lourde,
comme un champ de trèfle au soleil par cette chaude journée de juin, avec
les abeilles qui tournent en rond et les papillons jaunes. Elle retournait
toujours dans ces champs du Devonshire, où elle avait sauté les ruisseaux sur
Patty, son poney, avec Mortimer et Tom, ses frères. Et il y avait les chiens ;
il y avait les rats ; il y avait son père et sa mère sur la pelouse sous les arbres,
avec les thés dehors, et les parterres de dahlias, les roses trémières, l'herbe de
la pampa ; et eux, petits misérables, font toujours des bêtises ! se faufilant à
travers les buissons, pour ne pas être vu, tous dépenaillés par quelque
friponnerie. Que disait la vieille nourrice de ses robes !

Ah mon Dieu, se souvenait-elle : c'était mercredi à Brook Street. Ces braves
gens, Richard Dalloway, Hugh Whitbread, avaient traversé les rues par cette
chaude journée et leurs grognements lui parvenaient, allongée sur le canapé.
Le pouvoir, la position, le revenu lui appartenaient. Elle avait vécu à l'avant-
garde de son époque. Elle avait eu de bons amis ; connu les hommes les plus
capables de son époque. Londres murmurante affluait vers elle, et sa main,
posée sur le dossier du canapé, s'enroulait sur quelque bâton imaginaire
comme celui que ses grands-pères auraient pu tenir, et qu'elle tenait,
somnolente et lourde, pour commander des bataillons marchant vers le
Canada, et ces bons des gars traversant Londres, leur territoire, ce petit bout
de tapis, Mayfair.

Et ils s'éloignaient de plus en plus d'elle, étant attachés à elle par un fil fin (puisqu'ils avaient déjeuné avec elle) qui s'étirait, s'étirait, devenait de plus en plus mince à mesure qu'ils traversaient Londres ; comme si ses amis étaient attachés à son corps, après avoir déjeuné avec eux, par un fil mince, qui (pendant qu'elle y somnolait) s'embrumait au son des cloches, sonnant l'heure ou sonnant le service, comme s'efface le seul fil d'une araignée. avec des gouttes de pluie et, chargé, s'affaisse. Alors elle a dormi.

Et Richard Dalloway et Hugh Whitbread hésitaient au coin de Conduit Street au moment même où Millicent Bruton, allongée sur le canapé, laissait rompre le fil ; ronflé. Des vents contraires soufflaient au coin de la rue. Ils regardèrent une vitrine ; ils ne voulaient pas acheter ni parler mais se séparer, seulement avec des vents contraires secouant le coin de la rue, avec une sorte de défaillance dans les marées du corps, deux forces se rencontrant dans un tourbillon, le matin et l' après-midi, ils s'arrêtèrent. Une pancarte de journal s'élevait dans les airs, vaillamment, comme un cerf-volant d'abord, puis s'arrêtait, plongeait, voletait ; et un voile de dame pendait. Les auvents jaunes tremblaient. La vitesse de la circulation matinale ralentissait et des chariots isolés roulaient négligemment dans les rues à moitié vides. Dans le Norfolk, auquel Richard Dalloway pensait à moitié, un vent doux et chaud repoussait les pétales ; confondit les eaux ; ébouriffait les herbes fleuries. Les faucheurs, qui s'étaient installés sous les haies pour dormir du labeur matinal, écartèrent des rideaux de brins verts ; il déplaçait des globes tremblants de persil de vache pour voir le ciel ; le bleu, le ciel d'été inébranlable et flamboyant.

Conscient qu'il regardait une tasse jacobéenne à deux anses en argent, et que Hugh Whitbread admirait avec condescendance et des airs de connaisseur un collier espagnol dont il songeait à demander le prix au cas où Evelyn l'apprécierait, Richard restait cependant engourdi ; ne pouvait ni penser ni bouger. La vie avait rejeté cette épave ; les vitrines des magasins étaient pleines de pâte colorée , et l'une d'elles se tenait debout, figée par la léthargie des vieux, raidie par la rigidité des vieux, regardant à l'intérieur. Evelyn Whitbread aimerait peut-être acheter ce collier espagnol, alors elle pourrait le faire. Bâiller, il le faut. Hugh entrait dans le magasin.

"Tu as raison!" » dit Richard en le suivant.

Dieu sait qu'il ne voulait pas aller acheter des colliers avec Hugh. Mais il y a des marées dans le corps. Le matin rencontre l'après-midi. Porté comme une frêle chaloupe par des inondations profondes et profondes, l'arrière-grand-père de Lady Bruton, ses mémoires et ses campagnes en Amérique du Nord ont été submergés et coulés. Et Millicent Bruton aussi. Elle a coulé. Richard ne se souciait pas du tout de ce qu'il advenait de l'émigration ; à propos de cette lettre, que l'éditeur l'ait publiée ou non. Le collier pendait entre les doigts admirables de Hugh. Qu'il le donne à une fille, s'il doit acheter des bijoux, à n'importe quelle fille, à n'importe quelle fille de la rue. Car l'inutilité de cette vie a frappé Richard assez violemment en achetant des colliers pour Evelyn. S'il avait eu un garçon, il aurait dit : Travaille, travaille. Mais il avait son Elizabeth ; il adorait son Elizabeth.

« J'aimerais voir M. Dubonnet », dit Hugh de son ton sec et mondain. Il semblait que ce Dubonnet avait les mesures du cou de Mme Whitbread ou, plus étrangement encore, qu'il connaissait ses opinions sur les bijoux espagnols et l'étendue de ses possessions dans cette ligne (dont Hugh ne se souvenait pas). Tout cela parut terriblement étrange à Richard Dalloway. Car il n'avait jamais offert de cadeaux à Clarissa, sauf un bracelet il y a deux ou trois ans, qui n'avait pas eu de succès. Elle ne l'a jamais porté. Cela lui faisait mal de se rappeler qu'elle ne le portait jamais. Et comme le fil d'une seule araignée, après avoir vacillé ici et là, s'attache à la pointe d'une feuille, ainsi l'esprit de Richard, sortant de sa léthargie, se tourna maintenant vers sa femme, Clarissa, que Peter Walsh avait aimée si passionnément ; et Richard avait eu une vision soudaine d'elle là, pendant le déjeuner ; de lui-même et de Clarissa ; de leur vie commune; et il tira vers lui le plateau de vieux bijoux , et prenant d'abord cette broche puis cette bague : "Combien ça coûte ?" » demanda-t-il, mais il doutait de son propre goût. Il voulait ouvrir la porte du salon et entrer en tendant quelque chose ; un cadeau pour Clarissa. Simplement quoi? Mais Hugh était de nouveau sur ses jambes. Il était incroyablement pompeux. Vraiment, après avoir travaillé ici pendant trente-cinq ans, il n'allait pas se laisser rebuter par un simple garçon qui ne connaissait pas son métier. Car Dubonnet, semblait-il, était sorti, et Hugh n'achèterait rien tant que M. Dubonnet ne choisirait pas d'en faire partie ; à quoi le jeune homme rougit et inclina son petit arc correct. Tout cela était parfaitement exact. Et pourtant, Richard n'aurait pas pu dire ça pour lui sauver la vie ! Pourquoi ces gens faisaient-ils preuve de cette foutue insolence, il ne pouvait pas concevoir. Hugh devenait un imbécile intolérable. Richard Dalloway ne supportait pas plus d'une heure de sa société. Et, agitant son chapeau melon en guise d'adieu, Richard se tourna au coin de Conduit Street impatient, oui, très impatient, de parcourir ce fil d'attache en forme d'araignée entre lui et Clarissa ; il irait directement chez elle, à Westminster.

Mais il voulait venir avec quelque chose. Fleurs? Oui, des fleurs, puisqu'il ne se fiait pas à son goût pour l'or ; une quantité infinie de fleurs, de roses, d'orchidées, pour célébrer ce qui était, comptez comme vous voudrez, un événement ; ce sentiment à son égard lorsqu'ils parlaient de Peter Walsh au déjeuner ; et ils n'en parlèrent jamais ; cela faisait des années qu'ils n'en avaient pas parlé ; ce qui, pensa-t-il en serrant ensemble ses roses rouges et blanches (un vaste bouquet dans du papier de soie), est la plus grande erreur du monde. Il arrive un moment où on ne peut plus le dire ; on est trop timide pour le dire, pensa-t-il, empochant ses six pence ou deux de monnaie, partant avec son gros paquet serré contre son corps jusqu'à Westminster pour dire sans détour en tant de mots (quoi qu'elle puisse penser de lui), tendant son fleurs, "Je t'aime." Pourquoi pas? Vraiment, c'était un miracle de penser à la guerre, et à des milliers de pauvres gars, avec toute leur vie devant eux, rassemblés à la pelle , déjà à moitié oubliés ; c'était un miracle. Ici, il traversait Londres pour dire à Clarissa avec tant de mots qu'il l'aimait. Ce qu'on ne dit jamais, pensa-t-il. On est en partie paresseux ; en partie on est timide. Et Clarissa… c'était difficile de penser à elle ; sauf dans les sursauts, comme au déjeuner, où il la voyait très distinctement ; toute leur vie. Il s'est arrêté au passage à niveau ; et répété, étant simple de nature et sans débauche, parce qu'il avait marché et tiré ; être obstiné et tenace, avoir défendu les opprimés et suivi son instinct à la Chambre des communes ; conservé dans sa simplicité et en même temps devenu un peu muet, un peu raide, il répétait que c'était un miracle qu'il ait épousé Clarissa ; un miracle – sa vie avait été un miracle, pensait-il ; hésitant à traverser. Mais cela lui faisait bouillir le sang de voir des petites créatures de cinq ou six ans traverser seules Piccadilly. La police aurait dû arrêter la circulation immédiatement. Il ne se faisait aucune illusion sur la police de Londres. En effet, il rassemblait des preuves de leurs mauvaises pratiques ; et ces marchands de fruits de mer, qui n'ont pas le droit de poser leurs brouettes dans les rues ; et les prostituées, mon Dieu, la faute n'en était pas à elles, ni aux jeunes hommes non plus, mais à notre détestable système social et ainsi de suite ; tout ce qu'il considérait, on pouvait le voir réfléchir, gris, obstiné, pimpant, propre, alors qu'il traversait le parc pour dire à sa femme qu'il l'aimait.

Car il le dirait en tant de mots, quand il entrait dans la pièce. Parce que c'est mille fois dommage de ne jamais dire ce qu'on ressent, pensa-t-il en traversant le Parc Vert et en observant avec plaisir comment s'étalaient à l'ombre des arbres des familles entières, des familles pauvres ; des enfants qui lèvent les jambes ; sucer du lait; des sacs en papier jetés partout, qui pourraient facilement être ramassés (si les gens s'y opposaient) par un de ces gros messieurs en livrée ; car il était d'avis que chaque parc et chaque place, pendant les mois d'été, devraient être ouverts aux enfants (l'herbe du parc rougit et fana, éclairant les pauvres mères de Westminster et leurs bébés rampants, comme si une lampe jaune était allumée). déplacé en dessous). Mais que faire pour des vagabondes comme cette pauvre créature, étendue sur le coude (comme si elle s'était jetée à terre, débarrassée de tout lien, pour observer curieusement, spéculer hardiment, considérer les pourquoi et les comment, avec impudence) ? , bavard, plein d'humour), il ne savait pas. Portant ses fleurs comme une arme, Richard Dalloway s'approcha d'elle ; avec l'intention de la dépasser ; il y avait encore du temps pour une étincelle entre eux – elle riait à sa vue, il souriait avec bonne humeur , considérant le problème de la vagabonde ; pas qu'ils parleraient un jour. Mais il dirait à Clarissa qu'il l'aimait, en termes simples. Il fut un temps où il avait été jaloux de Peter Walsh ; jaloux de lui et de Clarissa. Mais elle lui avait souvent dit qu'elle avait eu raison de ne pas épouser Peter Walsh ; ce qui, connaissant Clarissa, était évidemment vrai ; elle voulait du soutien. Non qu'elle soit faible ; mais elle voulait du soutien.

Quant au palais de Buckingham (comme une vieille prima donna face au public tout en blanc), on ne peut pas lui nier une certaine dignité, estimait-il, ni mépriser ce qui, après tout, représente pour des millions de personnes (une petite foule attendait à la porte pour voir le roi sortir) pour un symbole, aussi absurde soit-il ; un enfant avec une boîte de briques aurait pu faire mieux, pensa-t-il ; en regardant le mémorial de la reine Victoria (dont il se souvenait avec ses lunettes à cornes traversant Kensington), son monticule blanc, sa maternité gonflée ; mais il aimait être gouverné par le descendant de Horsa ; il aimait la continuité ; et le sentiment de transmettre les traditions du passé. C'était une époque formidable à vivre. En effet, sa propre vie était un miracle ; qu'il ne s'y trompe pas ; le voilà, dans la fleur de l'âge, se dirigeant vers sa maison de Westminster pour dire à Clarissa qu'il l'aimait. Le bonheur, c'est ça, pensait-il.

C'est cela, dit-il en entrant dans Dean's Yard. Big Ben commençait à frapper, d'abord l'avertissement musical ; puis l'heure, irrévocable. Les déjeuners gâchent tout l'après-midi, pensa-t-il en s'approchant de sa porte.

Le bruit de Big Ben inondait le salon de Clarissa, où elle était assise, très ennuyée, à sa table d'écriture ; inquiet; agacé. Il était parfaitement vrai qu'elle n'avait pas invité Ellie Henderson à sa fête ; mais elle l'avait fait exprès. Maintenant, Mme Marsham a écrit « qu'elle avait dit à Ellie Henderson qu'elle demanderait à Clarissa – Ellie voulait tellement venir. »

Mais pourquoi devrait-elle inviter toutes les femmes ennuyeuses de Londres à ses soirées ? Pourquoi Mme Marsham devrait-elle intervenir ? Et Elizabeth était restée enfermée pendant tout ce temps avec Doris Kilman. Elle ne pouvait concevoir quelque chose de plus nauséabond. Prière à cette heure avec cette femme. Et le son de la cloche inondait la pièce de son onde mélancolique ; qui recula et se ressaisit pour retomber, lorsqu'elle entendit distraitement quelque chose tâtonner, quelque chose gratter à la porte. Qui à cette heure ? Trois, mon Dieu ! Trois déjà ! Car avec une franchise et une dignité irrésistibles, l'horloge sonna trois heures ; et elle n'entendit rien d'autre ; mais la poignée de la porte a glissé et Richard est entré ! Quelle surprise! Richard entra, lui tendant des fleurs. Elle l'avait laissé tomber, une fois à Constantinople ; et Lady Bruton, dont on disait que les déjeuners étaient extraordinairement amusants, ne le lui avait pas demandé. Il tendait des fleurs : des roses, des roses rouges et blanches. (Mais il ne pouvait pas se résoudre à dire qu'il l'aimait ; pas avec autant de mots.)

Mais comme c'est beau, dit-elle en prenant ses fleurs. Elle a compris; elle comprenait sans qu'il parle ; sa Clarisse. Elle les mit dans des vases sur la cheminée. Comme ils étaient beaux ! dit-elle. Et était-ce amusant, a-t-elle demandé ? Lady Bruton avait-elle demandé après elle ? Peter Walsh était de retour. Mme Marsham avait écrit. Doit-elle demander à Ellie Henderson ? Cette femme Kilman était à l'étage.

"Mais asseyons-nous cinq minutes", dit Richard.

Tout semblait si vide. Toutes les chaises étaient contre le mur. Qu'avaient-ils fait ? Oh, c'était pour la fête ; non, il n'avait pas oublié, la fête. Peter Walsh était de retour. Oh oui; elle l'avait eu. Et il allait divorcer ; et il était amoureux d'une femme là-bas. Et il n'avait pas changé du tout. Elle était là, raccommodant sa robe....

«Je pense à Bourton», dit-elle.

"Hugh était au déjeuner", a déclaré Richard. Elle l'avait rencontré aussi ! Eh bien, il devenait absolument intolérable. Acheter des colliers Evelyn ; plus gros que jamais; un cul intolérable.

« Et l'idée m'est venue de dire 'J'aurais pu t'épouser' », dit-elle en pensant à Peter assis là avec son petit nœud papillon ; avec ce couteau, l'ouvrir, le fermer. "Comme il l'a toujours été, tu sais."

Ils parlaient de lui au déjeuner, a déclaré Richard. (Mais il ne pouvait pas lui dire qu'il l'aimait. Il lui tenait la main. Le bonheur, c'est ça, pensa-t-il.) Ils avaient écrit une lettre au *Times* pour Millicent Bruton. C'était à peu près tout ce pour quoi Hugh était fait.

« Et notre chère Miss Kilman ? Il a demandé. Clarissa a trouvé les roses absolument ravissantes ; d'abord regroupés; maintenant, d'eux-mêmes, ils se séparent.

« Kilman arrive juste au moment où nous déjeunons », dit-elle. « Elizabeth devient rose. Ils se sont enfermés. Je suppose qu'ils prient.

Seigneur! Il n'aimait pas ça ; mais ces choses passent si vous les laissez faire.

"Dans un imperméable avec un parapluie", dit Clarissa.

Il n'avait pas dit « je t'aime » ; mais il lui tenait la main. Le bonheur, c'est ça, c'est ça, pensa-t-il.

"Mais pourquoi devrais-je inviter toutes les femmes ennuyeuses de Londres à mes soirées ?" dit Clarisse. Et si Mme Marsham organisait une fête, invitait *-elle* ses invités ?

« Pauvre Ellie Henderson », dit Richard. C'était très étrange à quel point Clarissa se souciait de ses fêtes, pensa-t-il.

Mais Richard n'avait aucune idée de l'apparence d'une pièce. Mais qu'allait-il dire ?

fêtes l'inquiétaient, il ne la laisserait pas les organiser. Aurait-elle souhaité épouser Peter ? Mais il doit partir.

Il doit partir, dit-il en se levant. Mais il resta un moment debout, comme s'il allait dire quelque chose ; et elle se demandait quoi ? Pourquoi? Il y avait les roses.

"Un comité?" » demanda-t-elle alors qu'il ouvrait la porte.

« Arméniens », dit-il ; ou peut-être s'agissait-il des « Albanais ».

Et il y a une dignité chez les gens ; une solitude; même entre mari et femme, un gouffre ; et cela il faut respecter, pensa Clarissa en le regardant ouvrir la porte ; car on ne s'en séparerait pas soi-même, ni ne le prendrait contre son gré à son mari, sans perdre son indépendance, son estime de soi, ce qui, après tout, n'a pas de prix.

Il revint avec un oreiller et une couette.

« Une heure de repos complet après le déjeuner », dit-il. Et il est parti.

Comme il lui ressemble ! Il répétait jusqu'à la fin du temps : « Une heure de repos complet après le déjeuner », parce qu'un médecin l'avait ordonné une fois. C'était dans son genre de prendre ce que les médecins disaient au pied de la lettre ; une partie de sa simplicité adorable et divine, que personne n'avait au même degré ; ce qui l'a poussé à faire cette chose pendant qu'elle et Peter perdaient leur temps à se chamailler. Il était déjà à mi-chemin de la Chambre des Communes, de ses Arméniens, de ses Albanais, l'ayant installée sur le canapé, regardant ses roses. Et les gens disaient : « Clarissa Dalloway est gâtée. » Elle se souciait beaucoup plus de ses roses que des Arméniens. Chassés, mutilés, gelés, victimes de cruauté et d'injustice (elle avait entendu Richard le répéter à maintes reprises) – non, elle ne ressentait rien pour les Albanais, ou était-ce les Arméniens ? mais elle aimait ses roses (cela n'aidait-il pas les Arméniens ?), les seules fleurs qu'elle supportait de voir coupées. Mais Richard était déjà à la Chambre des communes ; à son Comité , après avoir réglé toutes ses difficultés. Mais non; hélas, ce n'était pas vrai. Il ne voyait pas les raisons de ne pas demander à Ellie Henderson. Elle le ferait, bien sûr, comme il le souhaitait. Puisqu'il avait apporté les oreillers, elle s'allongeait... Mais... mais... pourquoi se sentait-elle soudain, sans qu'elle puisse découvrir de raison, désespérément malheureuse ? Comme une personne qui a laissé tomber un grain de perle ou de diamant dans l'herbe et qui a séparé très soigneusement les hautes branches, d'une manière et d'une autre, et qui cherche ici et là en vain, et qui finit par l'apercevoir là, jusqu'aux racines, elle a donc parcouru un chose et une autre; non, ce n'était pas Sally Seton qui disait que Richard ne ferait jamais partie du Cabinet parce qu'il avait un cerveau de seconde zone (cela lui revint) ; non, cela ne la dérangeait pas ; cela n'avait pas non plus à voir avec Elizabeth et Doris Kilman ; c'étaient des faits. C'était un sentiment, un sentiment désagréable, peut-être plus tôt dans la journée ; quelque chose que Peter avait dit, combiné à une certaine dépression de sa part, dans sa chambre, en ôtant son chapeau ; et ce que Richard avait dit y avait ajouté, mais qu'avait-il dit ? Il y avait ses roses. Ses fêtes ! C'était ça! Ses fêtes ! Tous deux l' ont critiquée très injustement, se sont moqués d'elle très injustement, pour ses fêtes. C'était ça! C'était ça!

Eh bien, comment allait-elle se défendre ? Maintenant qu'elle savait ce que c'était, elle se sentait parfaitement heureuse. Ils pensaient, ou du moins Peter pensait, qu'elle aimait s'imposer ; elle aimait avoir des gens célèbres autour d'elle ; de grands noms ; c'était tout simplement un snob en somme. Eh bien, Peter pourrait le penser. Richard pensait simplement que c'était stupide de sa part d'aimer l'excitation alors qu'elle savait que c'était mauvais pour son cœur. C'était enfantin, pensa-t-il. Et tous deux avaient complètement tort. Ce qu'elle aimait, c'était simplement la vie.

«C'est pour ça que je fais ça», dit-elle à voix haute, à la vie.

Depuis qu'elle était allongée sur le canapé, cloîtrée, exemptée, la présence de cette chose qu'elle sentait si évidente devenait physiquement existante ; avec des robes de bruit de la rue, ensoleillées, avec un souffle chaud, chuchotant, soufflant les stores. Mais supposons que Pierre lui dise : « Oui, oui, mais vos fêtes, à quoi servent vos fêtes ? tout ce qu'elle pouvait dire était (et personne ne pouvait s'attendre à ce qu'il comprenne) : c'est une offrande ; ce qui semblait horriblement vague. Mais qui était Peter pour prétendre que la vie était simple ? Peter toujours amoureux, toujours amoureux de la mauvaise femme ? Quel est ton amour ? pourrait-elle lui dire. Et elle connaissait sa réponse ; comment c'est la chose la plus importante au monde et aucune femme ne l'a probablement compris. Très bien. Mais est-ce qu'un homme pouvait comprendre ce qu'elle voulait dire ? a propos de la vie? Elle ne pouvait pas imaginer Peter ou Richard prendre la peine d'organiser une fête sans aucune raison.

Mais pour aller plus profondément, au-delà de ce que les gens disaient (et ces jugements, comme ils sont superficiels, comme ils sont fragmentaires !) dans son propre esprit maintenant, que signifiait pour elle, cette chose qu'elle appelait la vie ? Oh, c'était très bizarre. Voici un tel à South Kensington ; quelqu'un à Bayswater; et quelqu'un d'autre, disons, à Mayfair. Et elle éprouvait continuellement le sentiment de leur existence ; et elle sentit quel gâchis ; et elle éprouvait quel dommage ; et elle sentit que si seulement ils pouvaient être réunis ; alors elle l'a fait. Et c'était une offrande; combiner, créer; mais à qui ?

Une offrande pour le plaisir d'offrir, peut-être. Quoi qu'il en soit, c'était son cadeau. Rien d'autre n'avait pour elle la moindre importance ; je ne pouvais pas penser, écrire, ni même jouer du piano. Elle a confondu les Arméniens et les Turcs ; il aimait le succès ; détestait l'inconfort; doit être aimé; elle a dit des océans d'absurdités : et jusqu'à ce jour, on lui a demandé ce qu'était l'équateur, et elle ne le savait pas.

C'est tout de même qu'un jour doit suivre un autre ; mercredi, jeudi, vendredi, samedi ; qu'il faut se réveiller le matin ; voir le ciel; promenade dans le parc; rencontrer Hugh Whitbread ; puis soudain Pierre entra ; puis ces roses ; c'était assez. Après cela, comme la mort était incroyable ! — qu'elle devait finir ; et personne au monde ne saurait à quel point elle avait tout aimé ; comment, à chaque instant….

La porte s'ouvrit. Elizabeth savait que sa mère se reposait. Elle entra très doucement. Elle restait parfaitement immobile. Était-ce parce qu'un Mongol avait fait naufrage sur la côte de Norfolk (comme le disait Mme Hilbery) et s'était mêlé aux dames de Dalloway, peut-être cent ans auparavant ? Car les Dalloway , en général, étaient blonds ; aux yeux bleus; Elizabeth, au contraire, était sombre ; avait des yeux chinois sur un visage pâle ; un mystère oriental ; était doux, prévenant, immobile. Enfant, elle avait un sens de l'humour parfait ; mais maintenant, à dix-sept ans, Clarissa ne pouvait pas du tout comprendre, elle était devenue très sérieuse ; comme une jacinthe gainée de vert luisant, aux boutons à peine teintés, une jacinthe qui n'a pas eu de soleil.

Elle resta immobile et regarda sa mère ; mais la porte était entrouverte, et devant la porte se trouvait Miss Kilman, comme Clarissa le savait ; Miss Kilman dans son imperméable, écoutant ce qu'ils disaient.

Oui, Miss Kilman se tenait sur le palier et portait un imperméable ; mais elle avait ses raisons. Premièrement, c'était bon marché ; deuxièmement, elle avait plus de quarante ans ; et, après tout, ne s'habillait pas pour plaire. Elle était pauvre, d'ailleurs ; d'une pauvreté dégradante. Autrement, elle n'accepterait pas les emplois de gens comme les Dalloway ; de gens riches, qui aimaient être gentils. M. Dalloway, pour lui rendre justice, avait été gentil. Mais ce n'était pas le cas de Mme Dalloway. Elle avait été simplement condescendante. Elle venait de la classe la plus sans valeur : les riches, avec un peu de culture. Ils avaient des choses chères partout ; des tableaux, des tapis, beaucoup de domestiques. Elle considérait qu'elle avait parfaitement droit à tout ce que les Dalloway faisaient pour elle.

Elle avait été trompée. Oui, le mot n'était pas exagéré, car une fille a sûrement droit à une sorte de bonheur ? Et elle n'avait jamais été heureuse, d'être si maladroite et si pauvre. Et puis, alors qu'elle aurait pu avoir sa chance à l'école de Miss Dolby, la guerre éclata ; et elle n'avait jamais été capable de mentir. Miss Dolby pensait qu'elle serait plus heureuse avec des gens qui partageaient son point de vue sur les Allemands. Elle avait dû partir. Il est vrai que la famille était d'origine allemande ; a orthographié le nom Kiehlman au XVIIIe siècle ; mais son frère avait été tué. Ils l'ont chassée parce qu'elle ne voulait pas prétendre que les Allemands étaient tous des méchants — alors qu'elle avait des amis allemands, alors qu'elle avait passé les seuls jours heureux de sa vie en Allemagne ! Et après tout, elle savait lire l'histoire. Elle avait dû prendre tout ce qu'elle pouvait. M. Dalloway l'avait rencontrée en train de travailler pour les Amis. Il lui avait permis (et c'était vraiment généreux de sa part) d'enseigner l'histoire à sa fille. Elle a également donné un petit cours de vulgarisation, etc. Alors Notre-Seigneur était venu vers elle (et ici elle inclinait toujours la tête). Elle avait vu la lumière il y a deux ans et trois mois. Désormais, elle n'enviait plus les femmes comme Clarissa Dalloway ; elle les plaignait.

Elle les plaignait et les méprisait du fond du cœur, debout sur le tapis moelleux, regardant la vieille gravure d'une petite fille au manchon. Avec tout ce luxe, quel espoir y avait-il pour un état de choses meilleur ? Au lieu de s'allonger sur un canapé — « Ma mère se repose », avait dit Elizabeth — elle aurait dû être dans une usine ; derrière un comptoir ; Mme Dalloway et toutes les autres belles dames !

Amère et brûlante, Miss Kilman s'était transformée en église il y a deux ans, trois mois. Elle avait entendu prêcher le révérend Edward Whittaker ; les garçons chantent ; avait vu descendre les lumières solennelles, et que ce soit la musique ou les voix (elle-même, lorsqu'elle était seule le soir, se réconfortait dans un violon ; mais le son était atroce ; elle n'avait pas d'oreille), les sentiments chauds et turbulents qui bouillonnaient et la montée en elle avait été apaisée alors qu'elle était assise là, et elle avait pleuré abondamment et était allée rendre visite à M. Whittaker dans sa maison privée à Kensington. C'était la main de Dieu, dit-il. Le Seigneur lui avait montré le chemin. Alors maintenant, chaque fois que bouillonnaient en elle des sentiments brûlants et douloureux, cette haine envers Mme Dalloway, cette rancune contre le monde, elle pensait à Dieu. Elle pensa à M. Whittaker. La rage fit place au calme. Une douce saveur remplit ses veines, ses lèvres entrouvertes et, debout sur le palier dans son imperméable, elle regarda avec une sérénité constante et sinistre Mme Dalloway, qui sortait avec sa fille.

Elizabeth a dit qu'elle avait oublié ses gants. C'était parce que Miss Kilman et sa mère se détestaient. Elle ne supportait pas de les voir ensemble. Elle a couru à l'étage pour chercher ses gants.

Mais Miss Kilman ne détestait pas Mme Dalloway. Tournant vers Clarissa ses grands yeux couleur de groseille , observant son petit visage rose, son corps délicat, son air frais et élégant, Miss Kilman sentit : « Imbécile ! Niais! Toi qui n'as connu ni chagrin ni plaisir ; qui ont gâché votre vie ! Et naquit en elle un désir irrésistible de la vaincre ; pour la démasquer. Si elle avait pu la faire tomber, cela l'aurait soulagée. Mais ce n'était pas le corps ; c'était l'âme et ses moqueries qu'elle voulait dompter ; faire sentir sa maîtrise. Si seulement elle pouvait la faire pleurer ; pourrait la ruiner; l'humilier; mets-la à genoux en pleurant, tu as raison ! Mais c'était la volonté de Dieu, pas celle de Miss Kilman. Ce devait être une victoire religieuse. Alors elle lui lança un regard noir ; alors elle a lancé un regard noir.

Clarissa était vraiment choquée. C'est une chrétienne, cette femme ! Cette femme lui avait enlevé sa fille ! Elle est en contact avec des présences invisibles ! Lourde, laide, banale, sans gentillesse ni grâce, elle connaît le sens de la vie !

« Vous emmenez Elizabeth aux magasins ? » » dit Mme Dalloway.

Miss Kilman a dit qu'elle l'était. Ils étaient là. Miss Kilman n'allait pas se rendre agréable. Elle avait toujours gagné sa vie. Sa connaissance de l'histoire moderne était extrêmement approfondie. Avec ses maigres revenus, elle a consacré tant de choses à des causes auxquelles elle croyait ; alors que cette femme n'a rien fait, n'a rien cru ; elle élevait sa fille – mais voici Elizabeth, un peu essoufflée, la belle fille.

Alors ils allaient aux magasins. Il était étrange, alors que Miss Kilman se tenait là (et elle le faisait, avec la puissance et la taciturnité d'un monstre préhistorique blindé pour la guerre primitive), comment, seconde après seconde, l'idée d'elle diminuait, comment la haine (qui était pour les idées, pas des gens) s'est effondrée, comment elle a perdu sa méchanceté, sa taille, est devenue seconde après seconde simplement Miss Kilman, dans un imperméable, que Dieu sait que Clarissa aurait aimé aider.

Devant cette diminution du monstre, Clarissa rit. En lui disant au revoir, elle a ri.

Ils descendirent ensemble, Miss Kilman et Elizabeth.

Dans un élan soudain, avec une violente angoisse, car cette femme lui enlevait sa fille, Clarissa se pencha sur les rampes et cria : « Souviens-toi de la fête ! Souvenez-vous de notre fête de ce soir ! »

Mais Elizabeth avait déjà ouvert la porte d'entrée ; il y avait une camionnette qui passait ; elle n'a pas répondu.

Amour et religion ! pensa Clarissa en rentrant dans le salon, des picotements partout. Comme ils sont détestables, comme ils sont détestables ! Pour l'instant que le corps de Miss Kilman n'était pas devant elle, cette idée la submergeait. Les choses les plus cruelles du monde, pensa-t-elle en les voyant maladroits, chauds, dominateurs, hypocrites, espions, jaloux, infiniment cruels et sans scrupules, vêtus d'un imperméable, sur le palier ; l'amour et la religion. Avait-elle déjà essayé de convertir quelqu'un elle-même ? Ne souhaitait-elle pas que chacun soit simplement lui-même ? Et elle regardait par la fenêtre la vieille dame d'en face monter à l'étage. Laissez-la monter à l'étage si elle le voulait ; qu'elle s'arrête ; puis laissez-la, comme Clarissa l'avait souvent vue, gagner sa chambre, écarter ses rideaux et disparaître de nouveau dans le décor. D'une manière ou d'une autre, on respectait cela : cette vieille femme qui regardait par la fenêtre, tout à fait inconsciente d'être observée. Il y avait là quelque chose de solennel, mais l'amour et la religion détruiraient cette intimité, quelle qu'elle soit, de l'âme. L'odieux Kilman le détruirait. Pourtant, c'était un spectacle qui lui donnait envie de pleurer.

L'amour détruit aussi. Tout ce qui allait bien, tout ce qui était vrai a disparu. Prenez Peter Walsh maintenant. C'était un homme charmant, intelligent, qui avait des idées sur tout. Si vous vouliez en savoir plus sur Pope, par exemple, ou sur Addison, ou simplement dire des bêtises, comment étaient les gens, ce que les choses signifiaient, Peter le savait mieux que quiconque . C'était Peter qui l'avait aidée ; Peter qui lui avait prêté des livres. Mais regardez les femmes qu'il aimait : vulgaires, insignifiantes, banales. Pensez à Peter amoureux : il est venu la voir après toutes ces années, et de quoi a-t-il parlé ? Lui-même. Horrible passion ! elle pensait. Passion dégradante ! pensa-t-elle, pensant à Kilman et à son Elizabeth marchant vers les magasins de l'armée et de la marine.

Big Ben sonna la demi-heure.

Comme c'était extraordinaire, étrange, oui, touchant, de voir la vieille dame (ils étaient voisins depuis tant d'années) s'éloigner de la fenêtre, comme si elle était attachée à ce son, à cette corde. Aussi gigantesque que cela puisse être, cela avait quelque chose à voir avec elle. En bas, en bas, au milieu des choses ordinaires, le doigt tomba rendant le moment solennel. Elle était obligée, imaginait Clarissa, par ce bruit, de bouger, d'aller – mais où ? Clarissa essaya de la suivre alors qu'elle se tournait et disparaissait, et elle pouvait encore voir sa casquette blanche bouger au fond de la chambre. Elle était toujours là, en train de se déplacer à l'autre bout de la pièce. Pourquoi des credo, des prières et des imperméables ? alors, pensa Clarissa, c'est ça le miracle, c'est ça le mystère ; cette vieille dame, voulait-elle dire, qu'elle voyait passer de la commode à la coiffeuse. Elle pouvait encore la voir. Et le mystère suprême que Kilman pouvait dire qu'elle avait résolu, ou que Peter pouvait dire qu'il avait résolu, mais Clarissa ne croyait pas qu'aucun d'eux ait l'ombre de l'idée de le résoudre, était simplement celui-ci : il y avait ici une pièce ; là un autre. La religion a-t-elle résolu ce problème, ou l'amour ?

Mon amour, mais ici l'autre horloge, celle qui sonnait toujours deux minutes après Big Ben, arrivait en traînant avec son tour plein de bric et de broc, qu'elle jetait comme si Big Ben allait très bien avec Sa Majesté faisant la loi. , si solennelle, si juste, mais elle doit se souvenir de toutes sortes de petites choses en plus... Mme. Marsham , Ellie Henderson, des verres à glace, toutes sortes de petites choses affluaient, clapotaient et dansaient au sillage de ce coup solennel qui gisait à plat comme un lingot d'or sur la mer. Mme Marsham , Ellie Henderson, verres à glace. Elle doit téléphoner immédiatement.

Volubilement, troublé , l'horloge tardive sonna, arrivant dans le sillage de Big Ben, avec ses tours pleins de bagatelles. Battues, brisées par l'assaut des voitures, la brutalité des fourgons, l'avancée acharnée de myriades d'hommes anguleux, de femmes exhibées, les dômes et les flèches des bureaux et des hôpitaux, les dernières reliques de ce tour plein de bric-à-brac semblaient se briser, comme l'écume d'une vague épuisée, sur le corps de Miss Kilman, immobile un instant dans la rue, pour murmurer : « C'est la chair. »

C'était la chair qu'elle devait contrôler. Clarissa Dalloway l'avait insultée. C'est ce à quoi elle s'attendait. Mais elle n'avait pas triomphé ; elle n'avait pas maîtrisé la chair. Laide, maladroite, Clarissa Dalloway s'était moquée d'elle parce qu'elle était ainsi ; et avait ravivé les désirs charnels, car cela la dérangeait de regarder à côté de Clarissa. Elle ne pouvait pas non plus parler comme elle le faisait. Mais pourquoi vouloir lui ressembler ? Pourquoi? Elle méprisait Mme Dalloway du fond du cœur. Elle n'était pas sérieuse. Elle n'était pas bonne. Sa vie était un tissu de vanité et de tromperie. Pourtant, Doris Kilman avait été dépassée. En fait, elle avait failli fondre en larmes lorsque Clarissa Dalloway se moquait d'elle. «C'est la chair, c'est la chair», marmonna-t-elle (c'était son habitude de parler à voix haute) en essayant de maîtriser ce sentiment turbulent et douloureux alors qu'elle marchait dans la rue Victoria. Elle a prié Dieu. Elle ne pouvait s'empêcher d'être laide ; elle n'avait pas les moyens d'acheter de jolis vêtements. Clarissa Dalloway avait ri, mais elle concentrerait son esprit sur autre chose jusqu'à ce qu'elle atteigne le pilier. En tout cas, elle avait eu Elizabeth. Mais elle penserait à autre chose ; elle penserait à la Russie ; jusqu'à ce qu'elle atteigne le pilier.

Comme il doit être agréable, dit-elle, d'être à la campagne, luttant, comme M. Whittaker le lui avait dit, contre cette violente rancune contre le monde qui l'avait méprisée, raillée, rejetée, à commencer par cette indignité : l'infliger de son corps peu aimable que les gens ne pouvaient supporter de voir. Coiffée comme elle pouvait, son front restait comme un œuf, chauve, blanc. Aucun vêtement ne lui allait. Elle pourrait acheter n'importe quoi. Et pour une femme, bien sûr, cela signifiait ne jamais rencontrer le sexe opposé. Jamais elle ne passerait en premier avec qui que ce soit . Parfois, ces derniers temps, il lui avait semblé qu'à l'exception d'Elizabeth, sa nourriture était la seule raison pour laquelle elle vivait ; son confort; son dîner, son thé ; sa bouillotte la nuit. Mais il faut lutter ; vaincre; ayez foi en Dieu. M. Whittaker avait dit qu'elle était là dans un but précis. Mais personne ne connaissait l'agonie ! Il dit en désignant le crucifix que Dieu savait. Mais pourquoi devrait-elle souffrir alors que d'autres femmes, comme Clarissa Dalloway, se sont échappées ? La connaissance vient de la souffrance, a déclaré M. Whittaker.

Elle avait dépassé la caserne et Elizabeth s'était dirigée vers le rayon tabac brun frais des magasins Army and Navy, tandis qu'elle marmonnait encore pour elle-même ce que M. Whittaker avait dit à propos de la connaissance venant de la souffrance et de la chair. «La chair», marmonna-t-elle.

Quel département voulait-elle ? Elizabeth l'interrompit.

« Jupons », dit-elle brusquement avant de se diriger directement vers l'ascenseur.

Ils montèrent. Elizabeth la guidait de-ci de-là ; la guidait dans son abstraction comme si elle avait été une grande enfant, un cuirassé encombrant. Il y avait les jupons, bruns, décoratifs, rayés, frivoles, solides, fragiles ; et elle choisit, dans son abstraction, de façon sinistre, et la jeune fille qui la servait la crut folle.

Elizabeth se demandait plutôt, pendant qu'ils remplissaient le colis, à quoi pensait Miss Kilman. Ils doivent prendre leur thé, dit Miss Kilman en se réveillant et en se ressaisissant. Ils prirent leur thé.

Elizabeth se demandait plutôt si Miss Kilman pouvait avoir faim. C'était sa façon de manger, de manger avec intensité, puis de regarder encore et encore une assiette de gâteaux sucrés posée sur la table à côté d'eux ; puis, lorsqu'une dame et un enfant s'asseyaient et que l'enfant prenait le gâteau, Miss Kilman pouvait-elle vraiment s'en soucier ? Oui, cela dérangeait Miss Kilman. Elle avait voulu ce gâteau, le rose. Le plaisir de manger était presque le seul pur plaisir qui lui restait, et puis être dérouté même là-dedans !

Quand les gens sont heureux, ils ont une réserve, avait-elle dit à Elizabeth, sur laquelle puiser, alors qu'elle était comme une roue sans pneu (elle aimait ces métaphores), secouée par chaque caillou, alors elle disait qu'elle restait après le cours debout près de la cheminée avec son sac de livres, son « cartable », appelait-elle, un mardi matin, une fois le cours terminé. Et elle parlait aussi de la guerre. Après tout, il y avait des gens qui ne pensaient pas toujours que les Anglais avaient raison. Il y avait des livres. Il y avait des réunions. Il y avait d'autres points de vue. Elizabeth aimerait-elle venir avec elle écouter Untel (un vieil homme au look des plus extraordinaires) ?

Ensuite, Miss Kilman l'a emmenée dans une église de Kensington et ils ont pris le thé avec un ecclésiastique. Elle avait prêté ses livres. Droit, médecine, politique, tous les métiers sont ouverts aux femmes de votre génération, a déclaré Miss Kilman. Mais pour elle-même, sa carrière était complètement ruinée et était-ce de sa faute ? Bon Dieu, dit Elizabeth, non.

Et sa mère venait l'appeler pour lui dire qu'un panier était arrivé de Bourton et que Miss Kilman aimerait-elle des fleurs ? Avec Miss Kilman, elle était toujours très, très gentille, mais Miss Kilman écrasait les fleurs en un seul paquet et n'avait pas de bavardage, et ce qui intéressait Miss Kilman ennuyait sa mère, et Miss Kilman et elle étaient horribles ensemble ; et Miss Kilman était enflée et paraissait très simple. Mais Miss Kilman était terriblement intelligente. Elizabeth n'avait jamais pensé aux pauvres. Ils vivaient avec tout ce qu'ils voulaient : sa mère prenait son petit déjeuner au lit tous les jours ; Lucy l'a repris ; et elle aimait les vieilles femmes parce qu'elles étaient duchesses et descendaient de quelque seigneur. Mais Miss Kilman a déclaré (un de ces mardis matins où la leçon était terminée) : « Mon grand-père tenait un magasin d'huiles et de couleurs à Kensington. » Miss Kilman nous faisait sentir si petit.

Miss Kilman prit une autre tasse de thé. Elizabeth, avec son allure orientale, son mystère insondable, était assise parfaitement droite ; non, elle ne voulait rien de plus. Elle chercha ses gants, ses gants blancs. Ils étaient sous la table. Ah, mais il ne faut pas qu'elle s'en aille ! Miss Kilman ne pouvait pas la laisser partir ! cette jeunesse si belle, cette fille qu'elle aimait sincèrement ! Sa grande main s'ouvrit et se referma sur la table.

Mais c'était peut-être un peu plat, pensa Elizabeth. Et vraiment, elle aimerait y aller.

Mais Miss Kilman a déclaré: "Je n'ai pas encore tout à fait fini."

Bien sûr, Elizabeth attendrait. Mais c'était plutôt étouffant ici.

"Allez-vous à la fête ce soir?" » dit Mlle Kilman. Elizabeth supposait qu'elle partait ; sa mère voulait qu'elle parte. Elle ne doit pas se laisser absorber par les fêtes, dit Miss Kilman en touchant les derniers centimètres d'un éclair au chocolat.

Elle n'aimait pas beaucoup les fêtes, dit Elizabeth. Miss Kilman ouvrit la bouche, projeta légèrement le menton et avala les derniers centimètres de l'éclair au chocolat, puis s'essuya les doigts et lava le thé dans sa tasse.

Elle était sur le point de se séparer, sentait-elle. L'agonie était si terrible. Si elle pouvait la saisir, si elle pouvait la serrer dans ses bras, si elle pouvait la faire sienne absolument et pour toujours, puis mourir ; c'était tout ce qu'elle voulait. Mais rester assis ici, incapable de trouver quoi que ce soit à dire ; voir

Elizabeth se retourner contre elle ; se sentir répugnant même pour elle, c'était trop ; elle ne pouvait pas le supporter. Les doigts épais se recroquevillèrent vers l'intérieur.

«Je ne vais jamais aux fêtes», a déclaré Miss Kilman, juste pour empêcher Elizabeth d'y aller. « Les gens ne m'invitent pas à des fêtes » – et elle savait en le disant que c'était cet égoïsme qui la perdait ; M. Whittaker l'avait prévenue ; mais elle ne pouvait pas s'en empêcher. Elle avait si horriblement souffert. "Pourquoi devraient-ils me le demander?" dit-elle. "Je suis clair, je suis malheureux." Elle savait que c'était idiot. Mais c'était tous ces gens qui passaient, des gens avec des colis qui la méprisaient, qui lui faisaient dire ça. Cependant, elle s'appelait Doris Kilman. Elle avait son diplôme. C'était une femme qui avait fait son chemin dans le monde. Sa connaissance de l'histoire moderne était plus que respectable.

«Je ne me plains pas», dit-elle. «Je plains» – elle voulait dire «ta mère», mais non, elle ne pouvait pas, pas à Elizabeth. «Je plains davantage les autres», dit-elle, «plus».

Comme une créature muette qui aurait été amenée devant une porte dans un but inconnu et qui se tient là, impatiente de s'éloigner au galop, Elizabeth Dalloway restait silencieuse. Miss Kilman allait-elle dire autre chose ?

« Ne m'oubliez pas complètement », a déclaré Doris Kilman ; sa voix tremblait. Tout de suite jusqu'au bout du champ, la bête muette galopa de terreur.

La grande main s'ouvrait et se fermait.

Elizabeth tourna la tête. La serveuse est venue. Il fallait payer au comptoir, dit Elizabeth, et elle s'en alla, étirant, comme Miss Kilman le sentait, les entrailles de son corps, les étirant tandis qu'elle traversait la pièce, puis, avec une dernière torsion, inclinant la tête très fort. poliment, elle y est allée.

Elle était partie. Miss Kilman était assise à la table de marbre parmi les éclairs, frappée une, deux, trois fois par les chocs de la souffrance. Elle était partie. Mme Dalloway avait triomphé. Elizabeth était partie. La beauté avait disparu, la jeunesse avait disparu.

Alors elle s'est assise. Elle se releva, s'égara parmi les petites tables, se balançant légèrement d'un côté à l'autre, et quelqu'un la poursuivit avec son jupon, et elle s'égara, et fut encerclée par des malles spécialement préparées pour l'Inde ; ensuite je me suis retrouvé parmi les ensembles d'accouchement et le linge de bébé ; à travers toutes les marchandises du monde, périssables et permanentes, jambons, médicaments, fleurs, articles de papeterie, aux odeurs diverses, tantôt sucrées, tantôt aigres, elle vacilla ; elle se voyait ainsi titubant, son chapeau de travers, très rouge de visage, de tout son long dans un miroir ; et enfin je sortis dans la rue.

La tour de la cathédrale de Westminster s'élevait devant elle, la demeure de Dieu. Au milieu du trafic, il y avait la demeure de Dieu. Avec obstination, elle partit avec son paquet vers cet autre sanctuaire, l'abbaye, où, levant les mains sous une tente devant son visage, elle s'assit à côté de ceux qui étaient également mis à l'abri ; les fidèles variés, désormais dépouillés de rang social, presque de sexe, levant les mains devant leur visage ; mais une fois qu'ils les eurent enlevés, des hommes et des femmes anglais de la classe moyenne instantanément respectueux, certains d'entre eux désireux de voir les œuvres de cire.

Mais Miss Kilman tenait sa tente devant elle. Maintenant, elle était abandonnée ; maintenant rejoint. De nouveaux fidèles arrivaient de la rue pour remplacer les promeneurs, et pourtant, tandis que les gens regardaient autour d'eux et passaient devant la tombe du Guerrier Inconnu, elle barrait toujours ses yeux avec ses doigts et essayait, dans cette double obscurité, de trouver la lumière dans l'abbaye. était sans corps, pour aspirer au-dessus des vanités, des désirs, des commodités, pour se débarrasser à la fois de la haine et de l'amour. Ses mains se contractèrent. Elle semblait avoir du mal. Pourtant, pour d'autres, Dieu était accessible et le chemin vers Lui était facile. M. Fletcher, retraité du Trésor, Mme Gorham, veuve du célèbre KC, s'approcha de lui simplement, et après avoir prié, se pencha en arrière, apprécia la musique (l'orgue sonnait doucement) et vit Miss Kilman à la fin. de la rangée, priant, priant, et, étant toujours au seuil de leur monde souterrain, la considéraient avec sympathie comme une âme hantant le même territoire ; une âme découpée dans une substance immatérielle ; pas une femme, une âme.

Mais M. Fletcher a dû partir. Il fallait qu'il la dépasse, et étant lui-même propre comme une épingle neuve, il ne pouvait s'empêcher d'être un peu affligé du désordre de la pauvre dame ; ses cheveux détachés ; son colis par terre. Elle ne le laissa pas passer tout de suite. Mais tandis qu'il regardait autour de lui les marbres blancs, les vitres grises et les trésors accumulés (car il était extrêmement fier de l'abbaye), sa grandeur, sa robustesse et sa puissance alors qu'elle était assise là, déplaçant ses genoux de temps en temps. (l'approche de son Dieu était si dure, ses désirs si durs) l'impressionna, tout comme ils avaient impressionné Mme Dalloway (elle ne parvenait pas à se débarrasser d'elle cet après-midi-là), le révérend Edward Whittaker et Elisabeth aussi.

Et Elizabeth attendait dans la rue Victoria un omnibus. C'était tellement agréable d'être dehors. Elle pensa qu'elle n'avait peut-être pas besoin de rentrer chez elle tout de suite. C'était tellement agréable d'être dans les airs.

Elle monterait donc dans un omnibus. Et déjà, alors qu'elle était là, dans ses vêtements très bien coupés , cela commençait... On commençait à la comparer aux peupliers, au petit matin, aux jacinthes, aux faons, à l'eau courante et aux nénuphars ; et cela lui rendait la vie un fardeau, car elle préférait tellement rester seule pour faire ce qu'elle voulait à la campagne, mais on la comparait à des lys, et elle devait aller à des fêtes, et Londres était si morne comparée à être seule à la campagne avec son père et les chiens.

Les bus fondaient, s'installaient, partaient – des caravanes criardes, luisantes de vernis rouge et jaune. Mais à quoi devrait-elle s'adresser ? Elle n'avait aucune préférence. Bien sûr, elle ne forcerait pas son chemin. Elle avait tendance à être passive. C'était une expression dont elle avait besoin, mais ses yeux étaient beaux, chinois, orientaux et, comme le disait sa mère, avec de si belles épaules et une tenue si droite, elle était toujours charmante à regarder ; et dernièrement, le soir surtout, quand elle était intéressée, car elle ne paraissait jamais excitée, elle était presque belle, très majestueuse, très sereine. À quoi pouvait-elle penser ? Tous les hommes tombaient amoureux d'elle et elle s'ennuyait vraiment terriblement. Car cela commençait. Sa mère le voyait : les compliments commençaient. Le fait qu'elle ne s'en soucie pas davantage – par exemple pour ses vêtements – inquiétait parfois Clarissa, mais peut-être que c'était aussi bien avec tous ces chiots et cobayes atteints de la maladie de Carré, et cela lui donnait un charme. Et maintenant, il y avait cette étrange amitié avec Miss Kilman. Eh bien, pensait Clarissa vers trois heures du matin, en lisant le baron Marbot car elle ne pouvait pas dormir, cela prouve qu'elle a du cœur.

Soudain, Elizabeth s'avança et monta avec compétence dans l'omnibus, devant tout le monde. Elle s'assit au sommet. L'impétueuse créature, un pirate, s'élança, s'élança ; elle devait tenir le bastingage pour se stabiliser, car c'était un pirate, imprudent, sans scrupules, fonçant sans pitié, contournant dangereusement, saisissant hardiment un passager, ou ignorant un passager, se faufilant comme une anguille et arrogant entre les deux, puis se précipitant avec insolence. toutes les voiles déployées sur Whitehall. Et Elizabeth avait-elle pensé à la pauvre Miss Kilman qui l'aimait sans jalousie, pour qui elle avait été un faon en plein air, une lune dans une clairière ? Elle était ravie d'être libre. L'air frais était si délicieux. C'était tellement étouffant dans les magasins de l'Armée et de la Marine. Et maintenant, c'était comme monter à cheval, se précipiter vers Whitehall ; et à chaque mouvement de l'omnibus le beau corps à l'habit fauve répondait librement comme un cavalier, comme la figure de proue d'un navire, car la brise la désarçonnait un peu ; la chaleur donnait à ses joues une pâleur de bois peint en blanc ; et ses beaux yeux, n'ayant pas d'yeux à croiser, regardaient devant eux, vides, brillants, avec l'incroyable innocence de la sculpture.

C'était toujours parler de ses propres souffrances qui rendait Miss Kilman si difficile. Et avait-elle raison ? Si c'était le fait de faire partie de comités et de consacrer des heures et des heures chaque jour (elle ne le voyait presque jamais à Londres) qui aidait les pauvres, son père le faisait, Dieu sait, — si c'était ce que Miss Kilman voulait dire par être chrétienne ; mais c'était si difficile à dire. Oh, elle aimerait aller un peu plus loin. Un centime de plus pour le Strand ? Il y avait alors un autre centime. Elle remonterait le Strand.

Elle aimait les gens malades. Et chaque profession est ouverte aux femmes de votre génération, a déclaré Miss Kilman. Elle pourrait donc être médecin. Elle pourrait être agricultrice. Les animaux sont souvent malades. Elle pourrait posséder mille acres et avoir des gens sous ses ordres. Elle allait les voir dans leurs chaumières. C'était Somerset House. On pouvait être un très bon fermier — et, curieusement, même si Miss Kilman y avait sa part, cela était presque entièrement dû à Somerset House. Il avait l'air si splendide, si sérieux, ce grand bâtiment gris. Et elle aimait la sensation des gens qui travaillent. Elle aimait ces églises, formes de papier gris, qui traversaient le ruisseau du Strand. C'était très différent ici de Westminster, pensa-t-elle en descendant à Chancery Lane. C'était si sérieux ; c'était tellement occupé. Bref, elle aimerait avoir un métier. Elle deviendrait médecin, agricultrice, et peut-être entrerait au Parlement, si elle le jugeait nécessaire, tout cela grâce au Strand.

des bavardages triviaux (comparer les femmes aux peupliers, ce qui était plutôt excitant, certes, mais très bête), mais à des pensées de bateaux, d'affaires. , de droit, d'administration, et avec tout cela si majestueuse (elle était dans le Temple), gaie (il y avait le fleuve), pieuse (il y avait l'Église), la rendait bien déterminée, quoi qu'en dise sa mère, à devenir soit un agriculteur, soit un médecin. Mais elle était évidemment plutôt paresseuse.

Et il valait bien mieux ne rien dire. Cela semblait tellement idiot. C'était le genre de choses qui arrivaient parfois quand on était seul : des bâtiments sans noms d'architectes, des foules de gens revenant de la ville ayant plus de pouvoir que les seuls ecclésiastiques de Kensington, que n'importe lequel des livres que Miss Kilman lui avait prêtés, pour stimuler ce qui gisait somnolent, maladroit et timide sur le sol sablonneux de l'esprit, à faire surface, comme un enfant étend soudain ses bras ; c'était juste que, peut-être, un soupir, un étirement des bras, un élan, une révélation, qui a ses effets pour toujours, et puis ça redescendait sur le sol sablonneux. Elle doit rentrer chez elle. Elle doit s'habiller pour le dîner. Mais quelle heure était-il ? Où était une horloge ?

Elle regarda Fleet Street. Elle marcha un peu vers Saint-Paul, timidement, comme quelqu'un pénétrant sur la pointe des pieds, explorant la nuit une maison étrange avec une bougie, nerveuse de peur que le propriétaire n'ouvre soudain la porte de sa chambre et lui demande des affaires, et elle ne fit pas non plus osez vous promener dans des ruelles bizarres, des rues secondaires tentantes, pas plus que dans une maison étrange, ouvrez des portes qui pourraient être des portes de chambre à coucher, ou des portes de salon, ou qui mènent directement au garde-manger. Car aucun Dalloway ne descendait quotidiennement le Strand ; elle était une pionnière, une errante, aventureuse, confiante.

À bien des égards, sa mère la sentait extrêmement immature, comme une enfant encore, attachée aux poupées, aux vieilles pantoufles ; un bébé parfait ; et c'était charmant. Mais il y avait bien sûr dans la famille Dalloway une tradition de service public. Abbesses, principales, directrices, dignitaires, dans la république des femmes, sans être brillantes, aucune d'entre elles, elles l'étaient. Elle pénétra un peu plus loin, du côté de Saint-Paul. Elle aimait la gentillesse, la fraternité, la maternité, la fraternité de ce tumulte. Cela lui semblait bon. Le bruit était énorme ; et tout à coup, les trompettes (les chômeurs) retentirent, cliquetant dans le tumulte ; musique militaire; comme si les gens marchaient ; pourtant s'ils étaient morts, si une femme avait rendu son dernier soupir et que celui qui regardait, ouvrant la fenêtre de la pièce où elle venait de réaliser cet acte de dignité suprême, regardait Fleet Street, ce tumulte, cette musique militaire seraient venus triomphant jusqu'à lui, consolateur, indifférent.

Ce n'était pas conscient. Il n'y avait aucune reconnaissance d'une fortune ou d'un destin, et pour cette raison même, pour ceux qui étaient étourdis d'attendre les derniers frissons de conscience sur les visages des mourants, consolants. L'oubli chez les gens pourrait blesser, leur ingratitude se corroder , mais cette voix, se déversant sans fin, année après année, prendrait quoi qu'elle soit ; ce vœu; cette camionnette ; cette vie; cette procession les envelopperait tout autour et les porterait, comme dans le courant turbulent d'un glacier la glace retient un éclat d'os, un pétale bleu, des chênes, et les roule.

Mais c'était plus tard qu'elle ne le pensait. Sa mère n'aimerait pas qu'elle s'éloigne ainsi seule. Elle redescendit le Strand.

Un souffle de vent (malgré la chaleur, il y avait beaucoup de vent) souffla un mince voile noir sur le soleil et sur le Strand. Les visages s'effacent ; les omnibus perdirent soudain leur éclat. Car bien que les nuages fussent d'un blanc montagneux qu'on aurait pu imaginer couper des copeaux durs avec une hachette, avec de larges pentes dorées, des pelouses de jardins d'agrément célestes, sur leurs flancs, et avaient toute l'apparence d'habitations sédentaires assemblées pour la conférence des dieux. au-dessus du monde, il y avait entre eux un mouvement perpétuel. Les signes s'échangeaient lorsque, comme pour accomplir quelque projet déjà établi, tantôt un sommet s'amenuisait, tantôt un bloc entier de taille pyramidale qui avait gardé sa station inaltérable s'avançait au milieu ou conduisait gravement le cortège vers un nouveau mouillage. Bien qu'ils semblaient fixés à leur poste, au repos dans une parfaite unanimité, rien ne pouvait être plus frais, plus libre, plus sensible superficiellement que la surface blanche comme neige ou allumée par l'or ; changer, partir, démanteler l'assemblée solennelle était immédiatement possible ; et malgré la grave fixité, la robustesse et la solidité accumulées, tantôt ils jetaient la lumière sur la terre, tantôt les ténèbres.

Avec calme et compétence, Elizabeth Dalloway monta à bord de l'omnibus de Westminster.

Aller et venir, faire signe, signaler , de sorte que la lumière et l'ombre qui rendaient tantôt le mur gris, tantôt les bananes jaune vif, tantôt rendaient le Strand gris, tantôt rendaient les omnibus jaune vif, semblaient à Septimus Warren Smith allongé sur le canapé du salon. salon; regarder l'or aqueux briller et s'estomper avec la sensibilité étonnante d'une créature vivante sur les roses, sur le papier peint. Au dehors, les arbres traînaient leurs feuilles comme des filets dans les profondeurs de l'air ; le bruit de l'eau régnait dans la pièce et à travers les vagues retentissaient les voix des oiseaux qui chantaient. Chaque puissance déversait ses trésors sur sa tête, et sa main reposait là sur le dossier du canapé, comme il avait vu sa main reposer quand il se baignait, flottant, au sommet des vagues, tandis qu'au loin, sur le rivage, il entendait des chiens. aboyer et aboyer au loin. N'ayez plus peur, dit le cœur dans le corps ; n'ayez plus peur.

Il n'avait pas peur. A chaque instant, la Nature signifiait par quelque allusion rieuse comme cette tache d'or qui faisait le tour du mur - là, là, là - sa détermination à montrer, en brandissant ses plumes, en secouant ses tresses, en jetant son manteau de ci et de là, magnifiquement, toujours. magnifiquement, et se tenant tout près pour respirer à travers ses mains creuses les mots de Shakespeare, leur sens.

Rezia, assise à table, tordant un chapeau dans ses mains, le regardait ; je l'ai vu sourire. Il était alors heureux. Mais elle ne supportait pas de le voir sourire. Ce n'était pas un mariage ; ce n'était pas être son mari d'avoir un air étrange comme ça, de toujours sursauter, de rire, de rester assise des heures après des heures en silence, ou de la serrer dans ses bras et de lui dire d'écrire. Le tiroir de la table était plein de ces écrits ; sur la guerre; à propos de Shakespeare ; sur les grandes découvertes; comment il n'y a pas de mort. Dernièrement, il s'était soudainement excité sans raison (et le Dr Holmes et Sir William Bradshaw disaient que l'excitation était la pire chose pour lui), et il avait agité les mains et crié qu'il connaissait la vérité ! Il savait tout ! Cet homme, son ami qui a été tué, Evans, était venu, a-t-il déclaré. Il chantait derrière l'écran. Elle l'a écrit au moment même où il le parlait. Certaines choses étaient très belles ; d'autres sont de pures absurdités. Et il s'arrêtait toujours au milieu, changeant d'avis ; vouloir ajouter quelque chose; entendre quelque chose de nouveau ; écoutant avec la main levée.

Mais elle n'a rien entendu.

Et une fois, ils trouvèrent la fille qui faisait la chambre en train de lire un de ces journaux en éclatant de rire. C'était vraiment dommage. Cela a poussé Septimus à crier à la cruauté humaine et à la façon dont ils se déchirent. Ceux qui sont tombés, dit-il, sont mis en pièces. « Holmes est à notre porte », disait-il, et il inventait des histoires sur Holmes ; Holmes mange du porridge ; Holmes lisant Shakespeare – se faisant hurler de rire ou de rage, car le Dr Holmes semblait représenter pour lui quelque chose d'horrible. « La nature humaine », l'appelait-il. Et puis il y a eu les visions. Il s'était noyé, disait-il, et gisait sur une falaise tandis que les mouettes hurlaient au-dessus de lui. Il regardait la mer par-dessus le bord du canapé. Ou alors il entendait de la musique. En réalité, ce n'était qu'un orgue de Barbarie ou un homme qui pleurait dans la rue. Mais « Charmant ! » il pleurait, et les larmes coulaient sur ses joues, ce qui était pour elle la chose la plus terrible de toutes, de voir pleurer un homme comme Septimus, qui avait combattu, qui était courageux. Et il restait allongé à écouter jusqu'à ce que tout à coup il crie qu'il tombait, dans les flammes ! En fait, elle cherchait les flammes, c'était si vif. Mais il n'y avait rien. Ils étaient seuls dans la pièce. C'était un rêve, lui disait-elle et finissait par le faire taire, mais parfois elle avait aussi peur. Elle soupira alors qu'elle était assise en train de coudre.

Son soupir était tendre et enchanteur, comme le vent au dehors d'un bois le soir. Maintenant, elle posa ses ciseaux ; maintenant, elle se tourna pour prendre quelque chose sur la table. Un petit mouvement, un petit froissement, un petit coup ont créé quelque chose sur la table là où elle était assise en train de coudre. À travers ses cils, il pouvait voir ses contours flous ; son petit corps noir ; son visage et ses mains ; ses mouvements de rotation à table, tandis qu'elle prenait une bobine ou cherchait (elle risquait de perdre des choses) sa soie. Elle confectionnait un chapeau pour la fille mariée de Mme Filmer, dont le nom était... il avait oublié son nom.

« Comment s'appelle la fille mariée de Mme Filmer ? » Il a demandé.

"Mme. Peters », a déclaré Rezia. Elle avait peur qu'il soit trop petit, dit-elle en le tenant devant elle. Mme Peters était une grande femme ; mais elle ne l'aimait pas. C'était uniquement parce que Mme Filmer avait été si gentille avec eux. « Elle m'a donné des raisins ce matin », a-t-elle dit – que Rezia voulait faire quelque chose pour montrer qu'ils étaient reconnaissants. Elle était entrée dans la pièce l'autre soir et avait trouvé Mme Peters, qui pensait qu'ils étaient sortis, en train de jouer du gramophone.

« Était-ce vrai ? Il a demandé. Elle jouait du gramophone ? Oui; elle lui en avait parlé à l'époque ; elle avait trouvé Mme Peters en train de jouer du gramophone.

Il commença, très prudemment, à ouvrir les yeux, pour voir si un gramophone était bien là. Mais les choses réelles – les choses réelles étaient trop excitantes. Il doit être prudent. Il ne deviendrait pas fou. Il regarda d'abord les journaux de mode sur l'étagère du bas, puis, peu à peu, le gramophone à trompette verte. Rien de plus exact. Et ainsi, rassemblant son courage, il regarda le buffet ; l'assiette de bananes ; la gravure de la reine Victoria et du prince consort ; sur la cheminée, avec le pot de roses. Aucune de ces choses n'a bougé. Tous étaient immobiles ; tout était réel.

"C'est une femme avec une langue méchante", a déclaré Rezia.

"Que fait M. Peters?" » demanda Septimus.

"Ah," dit Rezia, essayant de se souvenir. Elle pensait que Mme Filmer avait dit qu'il voyageait pour une certaine compagnie. « En ce moment, il est à Hull, dit-elle.

"Tout à l' heure!" Elle a dit ça avec son accent italien. Elle l'a dit elle-même. Il se protégea les yeux afin de ne voir qu'une petite partie de son visage à la fois, d'abord le menton, puis le nez, puis le front, au cas où il serait déformé ou aurait une marque terrible. Mais non, elle était là, tout à fait naturelle, en train de coudre, avec les lèvres pincées qu'ont les femmes, l'ensemble, l'expression mélancolique, en cousant. Mais il n'y avait rien de terrible là-dedans, s'assura-t-il en regardant une seconde fois, une troisième fois son visage, ses mains, car qu'y avait-il d'effrayant ou de dégoûtant en elle alors qu'elle était assise là, en plein jour, à coudre ? Mme Peters avait une langue méchante. M. Peters était à Hull. Pourquoi alors rager et prophétiser ? Pourquoi voler flagellé et exclu ? Pourquoi se laisser faire trembler et sangloter devant les nuages ? Pourquoi chercher des vérités et transmettre des messages alors que Rezia était assise en train de coller des épingles sur le devant de sa robe et que M. Peters était à Hull ? Les miracles, les révélations, les angoisses, la solitude, tomber à travers la mer, tomber, tomber dans les flammes, tout était brûlé, car il avait la sensation, alors qu'il regardait Rezia couper le chapeau de paille de Mme Peters, d'une couverture de fleurs.

"C'est trop petit pour Mme Peters", a déclaré Septimus.

Pour la première fois depuis des jours, il parlait comme avant ! Bien sûr , c'était ridiculement petit, dit-elle. Mais Mme Peters l'avait choisi.

Il l'a retiré de ses mains. Il a dit que c'était le chapeau d'un singe de joueur d'orgue.

Comme cela la réjouissait ! Cela faisait des semaines qu'ils n'avaient pas ri ainsi ensemble, se moquant en privé comme des gens mariés. Ce qu'elle voulait dire, c'est que si Mme Filmer était entrée, ou Mme Peters ou n'importe qui d'autre, ils n'auraient pas compris de quoi elle et Septimus riaient.

"Voilà", dit-elle en épinglant une rose sur un côté du chapeau. Jamais elle ne s'était sentie aussi heureuse ! Jamais de sa vie !

Mais c'était encore plus ridicule, dit Septimus. Maintenant, la pauvre femme ressemblait à un cochon à la foire. (Personne ne l'a jamais fait rire comme Septimus.)

Qu'avait-elle dans sa boîte à ouvrage ? Elle avait des rubans et des perles, des pompons, des fleurs artificielles. Elle les fit tomber sur la table. Il commença à assembler des couleurs bizarres – car, même s'il n'avait pas de doigts et ne pouvait même pas boucler un paquet, il avait un œil merveilleux, et souvent il avait raison, parfois absurde, bien sûr, mais parfois merveilleusement raison.

« Elle aura un beau chapeau ! murmura-t-il en reprenant ceci et cela, Rezia agenouillée à ses côtés, regardant par-dessus son épaule. Maintenant, c'était terminé, c'est-à-dire le dessin ; elle doit le recoudre ensemble. Mais elle devait faire très, très attention, dit-il, pour le garder tel qu'il l'avait fait.

Alors elle a cousu. Quand elle cousait, pensa-t-il, elle faisait le bruit d'une bouilloire sur la plaque de cuisson ; bouillonnante, murmurante, toujours occupée, ses petits doigts forts et pointus pinçant et poussant ; son aiguille clignotait droit. Le soleil pourrait entrer et sortir, sur les pompons, sur le papier peint, mais il attendrait, pensait-il en étendant les pieds, en regardant sa chaussette annelée au bout du canapé ; il attendait dans cet endroit tiède, cette poche d'air calme, qu'on rencontre parfois le soir à l'orée d'un bois, quand, à cause d'un écroulement de terre, ou de quelque disposition des arbres (il faut être scientifique) surtout scientifique), la chaleur persiste et l'air secoue la joue comme l'aile d'un oiseau.

"Le voilà", dit Rezia, faisant tournoyer le chapeau de Mme Peters sur le bout de ses doigts. « Cela fera l'affaire pour le moment. Plus tard... » Sa phrase bouillonnait goutte à goutte, goutte à goutte, comme un robinet content qu'on laisse couler.

C'était merveilleux. Jamais il n'avait fait quelque chose qui le rendît aussi fier. C'était si réel, si substantiel, le chapeau de Mme Peters.

«Regardez-le», dit-il.

Oui, ça la rendrait toujours heureuse de voir ce chapeau. Il était alors devenu lui-même, il avait alors ri. Ils étaient seuls ensemble. Elle aimerait toujours ce chapeau.

Il lui a dit de l'essayer.

"Mais je dois avoir l'air si bizarre !" cria-t-elle en courant vers la vitre et en regardant d'un côté puis de l'autre. Puis elle le lui arracha de nouveau, car on frappa à la porte. Serait-ce Sir William Bradshaw ? L'avait-il déjà envoyé ?

Non! c'était seulement la petite fille avec le journal du soir.

Ce qui arrivait toujours, arrivait ensuite – ce qui arrivait chaque nuit de leur vie. La petite fille suçait son pouce à la porte ; Rezia se mit à genoux ; Rezia roucoulait et embrassait ; Rezia sortit un sac de bonbons du tiroir de la table. Car c'est toujours ce qui s'est passé. D'abord une chose, puis une autre. Alors elle l'a construit, d'abord une chose, puis une autre. Dansant, sautant, ils tournaient en rond dans la pièce. Il a pris le papier. Surrey était à fond, lut-il. Il y a eu une canicule. Rezia répéta : Surrey était à bout. Il y avait une canicule, ce qui faisait partie du jeu auquel elle jouait avec le petit-fils de Mme Filmer, tous deux riant et bavardant en même temps de leur jeu. Il était très fatigué. Il était très heureux. Il dormirait. Il ferma les yeux. Mais aussitôt qu'il ne vit plus rien, les sons du jeu devinrent plus faibles et plus étranges et ressemblèrent aux cris de gens qui cherchaient et ne trouvaient pas, et s'éloignaient de plus en plus. Ils l'avaient perdu !

Il sursauta terrorisé. Qu'est-ce qu'il a vu? L'assiette de bananes sur le buffet. Il n'y avait personne (Rezia avait emmené l'enfant chez sa mère. C'était l'heure de se coucher). C'était ça : être seul pour toujours. Telle fut la condamnation prononcée à Milan lorsqu'il entra dans la pièce et les vit découper des formes en bougran avec leurs ciseaux ; être seul pour toujours.

Il était seul avec le buffet et les bananes. Il était seul, exposé sur cette éminence sombre, étendu — mais pas au sommet d'une colline ; pas sur un rocher ; sur le canapé du salon de Mme Filmer. Quant aux visions, aux visages, aux voix des morts, où étaient-ils ? Il y avait un écran devant lui, avec des joncs noirs et des hirondelles bleues. Là où il avait vu autrefois des montagnes, là où il avait vu des visages, là où il avait vu la beauté, il y avait un écran.

"Evans!" il pleure. Il n'y avait pas de réponse. Une souris avait grincé, ou un rideau avait bruissé. C'étaient les voix des morts. Le paravent, le seau à charbon, le buffet lui restaient. Laissez-le alors faire face au paravent, au seau à charbon et au buffet... mais Rezia fit irruption dans la pièce en bavardant.

Une lettre était arrivée. Les plans de tout le monde ont été modifiés. Après tout, Mme Filmer ne pourrait pas se rendre à Brighton. Il n'y avait pas le temps d'en informer Mme Williams, et en réalité, Rezia trouva cela très, très ennuyeux, lorsqu'elle aperçut le chapeau et pensa... peut-être... qu'elle... pourrait juste en faire un peu... Sa voix s'éteignit dans une mélodie contente.

"Ah, putain!" s'écria-t-elle (c'était une plaisanterie de leur part, ses jurons), l'aiguille était cassée. Chapeau, enfant, Brighton, aiguille. Elle l'a construit; d'abord une chose, puis une autre, elle l'a construit en cousant.

Elle voulait qu'il dise si en déplaçant la rose elle avait amélioré le chapeau. Elle s'assit au bout du canapé.

Ils étaient parfaitement heureux maintenant, dit-elle soudain en posant le chapeau. Car elle pouvait tout lui dire maintenant. Elle pouvait dire tout ce qui lui passait par la tête. C'était presque la première chose qu'elle avait ressentie à son égard, ce soir-là au café où il était venu avec ses amis anglais. Il était entré un peu timidement, regardant autour de lui, et son chapeau était tombé lorsqu'il l'avait raccroché. Dont elle pouvait se souvenir. Elle savait qu'il était anglais, même s'il ne faisait pas partie des grands Anglais que sa sœur admirait, car il était toujours mince ; mais il avait une belle couleur fraîche ; et avec son gros nez, ses yeux brillants, sa façon de s'asseoir un peu voûté lui faisait penser, lui avait-elle souvent dit, à un jeune faucon, le premier soir où elle l'avait vu, alors qu'ils jouaient aux dominos, et il était entré. — d'un jeune faucon ; mais avec elle il était toujours très doux. Elle ne l'avait jamais vu sauvage ou ivre, souffrant seulement parfois de cette terrible guerre, mais quand même, quand elle arrivait, il mettait tout cela de côté. N'importe quoi, n'importe quoi au monde, n'importe quel petit souci avec son travail, tout ce qui la frappait au point de dire qu'elle le lui dirait, et il comprit tout de suite. Même sa propre famille n'était pas la même. Étant plus âgé qu'elle et si intelligent – comme il était sérieux, voulant qu'elle lise Shakespeare avant même de savoir lire une histoire pour enfants en anglais ! – étant beaucoup plus expérimenté, il pouvait l'aider. Et elle aussi pourrait l'aider.

Mais ce chapeau maintenant. Et puis (il se faisait tard) Sir William Bradshaw.

Elle tenait ses mains sur sa tête, attendant qu'il dise s'il aimait le chapeau ou non, et alors qu'elle était assise là, attendant, baissant les yeux, il pouvait sentir son esprit, comme un oiseau, tomber de branche en branche, et toujours descendre, à juste titre ; il pouvait suivre son esprit, alors qu'elle était assise là dans une de ces poses décontractées qui lui venaient naturellement et, s'il devait dire quelque chose, elle souriait aussitôt, comme un oiseau se posé avec toutes ses griffes fermes sur la branche.

Mais il se souvient que Bradshaw avait dit : « Les personnes que nous aimons le plus ne sont pas bonnes pour nous lorsque nous sommes malades. » Bradshaw a dit qu'il fallait lui apprendre à se reposer. Bradshaw a dit qu'ils devaient être séparés.

« Il faut », « il faut », pourquoi « il faut » ? Quel pouvoir Bradshaw avait-il sur lui ? « De quel droit Bradshaw a-t-il le droit de me dire « je dois » ? il a ordonné.

«C'est parce que vous avez parlé de vous suicider», dit Rezia. (Heureusement, elle pouvait désormais dire n'importe quoi à Septimus.)

donc en leur pouvoir ! Holmes et Bradshaw étaient sur lui ! La brute aux narines rouges reniflait dans tous les lieux secrets ! « Il faut » pourrait-on dire ! Où étaient ses papiers ? les choses qu'il avait écrites ?

Elle lui apporta ses papiers, les choses qu'il avait écrites, les choses qu'elle avait écrites pour lui. Elle les jeta sur le canapé. Ils les regardèrent ensemble. Des diagrammes, des dessins, des petits hommes et des petites femmes brandissant des bâtons en guise de bras, avec des ailes, n'est- ce pas ?, sur le dos ; des cercles tracés autour de shillings et de six pence : les soleils et les étoiles ; des précipices zigzagants avec des alpinistes qui montent encordés, exactement comme des couteaux et des fourchettes ; des morceaux de mer avec des petits visages riant de ce qui pourrait être des vagues : la carte du monde. Brule les! il pleure. Passons maintenant à ses écrits ; comment les morts chantent derrière les buissons de rhododendrons ; odes au Temps ; conversations avec Shakespeare ; Evans, Evans, Evans – ses messages d'entre les morts ; ne coupez pas les arbres; dites-le au premier ministre. Amour universel : le sens du monde. Brule les! il pleure.

Mais Rezia leur imposa les mains. Certaines étaient très belles, pensa-t-elle. Elle les attachait (car elle n'avait pas d'enveloppe) avec un morceau de soie.

Même s'ils l'emmenaient, dit-elle, elle l'accompagnerait. Ils ne pouvaient pas les séparer contre leur gré, a-t-elle déclaré.

En redressant les bords, elle replia les papiers et attacha le paquet presque sans regarder, assise à côté de lui, pensa-t-il, comme si tous ses pétales étaient autour d'elle. C'était un arbre en fleurs ; et à travers ses branches regardait le visage d'un législateur, qui avait atteint un sanctuaire où elle ne craignait personne ; pas Holmes ; pas Bradshaw ; un miracle, un triomphe, le dernier et le plus grand. Stupéfiant, il la vit monter l'effroyable escalier, chargé de Holmes et Bradshaw, des hommes qui ne pesaient jamais moins de onze pierre six, qui envoyaient leurs femmes à la cour, des hommes qui gagnaient dix mille par an et parlaient de proportions ; qui différaient dans leurs verdicts (car Holmes disait une chose, Bradshaw une autre), pourtant juges ils étaient

; qui a mélangé la vision et le buffet ; rien vu de clair, pourtant gouverné, pourtant infligé. «Il faut», ont-ils dit . Sur eux, elle a triomphé.

"Là!" dit-elle. Les papiers étaient ficelés. Personne ne devrait les atteindre. Elle les rangerait.

Et, dit-elle, rien ne devrait les séparer. Elle s'assit à côté de lui et l'appela du nom de ce faucon ou de ce corbeau qui, méchant et grand destructeur de récoltes, lui ressemblait exactement. Personne ne pouvait les séparer, dit-elle.

Puis elle se leva pour aller dans la chambre faire leurs bagages, mais entendant des voix en bas et pensant que le Dr Holmes avait peut-être appelé, elle courut pour l'empêcher de monter.

Septimus pouvait l'entendre parler à Holmes dans l'escalier.

« Ma chère dame, je suis venu en ami, disait Holmes.

"Non. Je ne vous permettrai pas de voir mon mari », a-t-elle déclaré.

Il la voyait, comme une petite poule, les ailes déployées lui barrant le passage. Mais Holmes a persévéré.

"Ma chère dame, permettez-moi..." dit Holmes en la mettant de côté (Holmes était un homme puissamment bâti).

Holmes montait à l'étage. Holmes ouvrirait la porte en force. Holmes dirait « Dans le funk, hein ? » Holmes l'aurait. Mais non; pas Holmes ; pas Bradshaw. Se levant de manière plutôt instable, sautillant effectivement d'un pied sur l'autre, il considéra le joli couteau à pain propre de Mme Filmer avec « Pain » gravé sur le manche. Ah, mais il ne faut pas gâcher ça. Le feu à gaz ? Mais il était trop tard maintenant. Holmes arrivait. Il aurait pu avoir des rasoirs, mais Rezia, qui faisait toujours ce genre de choses, les avait emballés. Il ne restait plus que la fenêtre, la grande fenêtre du logement de Bloomsbury, l'affaire fastidieuse, pénible et plutôt mélodramatique d'ouvrir la fenêtre et de se jeter dehors. C'était leur idée de la tragédie, pas la sienne ou celle de Rezia (car elle était avec lui). Holmes et Bradshaw aiment ce genre de choses. (Il s'assit sur le rebord.) Mais il attendrait jusqu'au dernier moment. Il ne voulait pas mourir. La vie était belle. Le soleil brûlait. Uniquement des êtres humains : que voulaient *-ils* ? En descendant l'escalier en face, un vieil homme s'arrêta et le regarda. Holmes était à la porte. "Je vais te le donner!" » cria-t-il et se jeta vigoureusement, violemment sur la grille de Mme Filmer.

"Le lâche!" s'écria le docteur Holmes en ouvrant la porte à toute vitesse. Rezia courut à la fenêtre, elle vit ; elle a compris. Le Dr Holmes et Mme Filmer sont entrés en collision. Mme Filmer a battu son tablier et lui a fait cacher les yeux dans la chambre. Il y avait beaucoup de courses dans les escaliers. Le

Dr Holmes entra, blanc comme un drap, tremblant de partout, un verre à la main. Elle doit être courageuse et boire quelque chose, dit-il (Qu'est-ce que c'était ? Quelque chose de sucré), car son mari était horriblement mutilé, ne reprendrait pas conscience, elle ne devait pas le voir, devait être épargné autant que possible, demanderait une enquête pour passe, pauvre jeune femme. Qui aurait pu le prédire ? Une impulsion soudaine, dont personne n'était le moins du monde responsable (il a dit à Mme Filmer). Et pourquoi diable avait-il fait cela, le Dr Holmes ne parvenait pas à le concevoir.

Il lui semblait, en buvant cette boisson sucrée, qu'elle ouvrait de longues fenêtres et qu'elle sortait dans un jardin. Mais où? L'horloge sonnait : un, deux, trois : comme le son était sensible ; comparé à tous ces coups et chuchotements ; comme Septimus lui-même. Elle s'endormait. Mais l'horloge continuait de sonner quatre, cinq, six et Mme Filmer, agitant son tablier (ils n'amèneraient pas le corps ici, n'est-ce pas ?) semblait faire partie de ce jardin ; ou un drapeau. Elle avait vu un jour un drapeau onduler lentement d'un mât alors qu'elle séjournait chez sa tante à Venise. Les hommes tués au combat étaient ainsi salués, et Septimus avait traversé la guerre. Parmi ses souvenirs, la plupart étaient heureux.

Elle mit son chapeau et courut à travers les champs de maïs – où cela pouvait-il être ? – jusqu'à quelque colline, quelque part près de la mer, car il y avait des bateaux, des mouettes, des papillons ; ils étaient assis sur une falaise. A Londres aussi, ils étaient là et, à demi rêvant, ils venaient vers elle par la porte de la chambre, la pluie tombant, les chuchotements, les agitations parmi le maïs sec, la caresse de la mer, lui semblait-il, les creusant dans sa coquille voûtée et murmurant à elle, posée sur le rivage, éparpillée, elle se sentait comme des fleurs volant au-dessus d'un tombeau.

« Il est mort », dit-elle en souriant à la pauvre vieille qui la gardait avec ses honnêtes yeux bleu clair fixés sur la porte. (Ils ne l'amèneraient pas ici, n'est-ce pas ?) Mais Mme Filmer a fait caca. Oh non, oh non ! Ils l'emportaient maintenant. Ne faudrait-il pas le lui dire ? Les gens mariés devraient être ensemble, pensa Mme Filmer. Mais ils doivent faire ce que le médecin leur a dit.

« Laissez-la dormir », dit le Dr Holmes en tâtant son pouls. Elle vit la grande silhouette de son corps se tenant sombre contre la fenêtre. C'était donc le Dr Holmes.

L'un des triomphes de la civilisation , pensait Peter Walsh. C'est l'un des triomphes de la civilisation , comme sonnait la cloche légère et haute de l'ambulance. Rapidement et proprement, l'ambulance s'est précipitée vers l'hôpital, après avoir récupéré instantanément, humainement, un pauvre diable ; quelqu'un a été frappé à la tête, frappé par la maladie, renversé il y a peut-être une minute à l'un de ces passages à niveau, comme cela pourrait arriver à soi-même. C'était la civilisation . Cela l'a frappé en revenant de l'Est : l'efficacité, l' organisation , l'esprit communautaire de Londres. Chaque charrette ou voiture s'écartait d'elle-même pour laisser passer l'ambulance. C'était peut-être morbide ; ou n'était-ce pas plutôt touchant le respect qu'ils témoignaient à cette ambulance avec sa victime à l'intérieur – des hommes occupés se précipitant chez eux et se souvenant aussitôt qu'elle passait de quelque femme ; ou sans doute avec quelle facilité ils auraient pu être là, étendus sur une étagère avec un médecin et une infirmière... Ah, mais penser devenait morbide, sentimental, dès qu'on commençait à évoquer des médecins, des cadavres ; une petite lueur de plaisir, une sorte de convoitise aussi sur l'impression visuelle, avertissait de ne plus continuer ce genre de choses, fatales à l'art, fatales à l'amitié. Vrai. Et pourtant, pensa Peter Walsh, alors que l'ambulance tournait au coin de la rue, même si la cloche haute et lumineuse pouvait être entendue dans la rue suivante et encore plus loin lorsqu'elle traversait Tottenham Court Road, carillonnant constamment, c'est le privilège de la solitude ; dans l'intimité, on peut faire ce qu'on veut. On pourrait pleurer si personne ne voyait. Cette susceptibilité avait été sa perte dans la société anglo-indienne ; pas pleurer au bon moment, ni rire non plus. J'ai ça en moi, pensa-t-il, debout près du pilier, qui pourrait maintenant fondre en larmes. Eh bien, Dieu le sait. Une certaine beauté sans doute, et le poids de la journée qui, à partir de cette visite à Clarissa, l'avait épuisé par sa chaleur, son intensité et le goutte-à-goutte d'une impression après l'autre dans cette cave où ils se tenaient, au fond. , sombre, et personne ne le saura jamais. En partie à cause de son secret complet et inviolable, il avait trouvé la vie comme un jardin inconnu, plein de détours et de recoins, surprenant, oui ; vraiment, c'était à couper le souffle, ces moments-là ; l'un d'eux venant vers lui près du pilier en face du British Museum, un moment où les choses s'enchaînent ; cette ambulance ; et la vie et la mort. C'était comme s'il avait été aspiré jusqu'à un toit très élevé par cette poussée d'émotion et que le reste de sa personne, comme une plage parsemée de coquillages blancs, était laissé nu. Cette susceptibilité avait été sa perte dans la société anglo-indienne.

Clarissa une fois, montant quelque part au sommet d'un omnibus avec lui, Clarissa au moins superficiellement, si facilement émue, tantôt désespérée, tantôt de bonne humeur, toutes frémissant en ces jours-là et en si bonne compagnie, repérant d'étranges petites scènes, des noms, des gens du haut d'un bus, car ils exploraient Londres et rapportaient du marché calédonien des sacs pleins de trésors - Clarissa avait une théorie à l'époque - ils avaient des tas de théories, toujours des théories, comme les jeunes. C'était pour expliquer le sentiment d'insatisfaction qu'ils éprouvaient ; ne pas connaître les gens; n'étant pas connu. Car comment pourraient-ils se connaître ? Vous vous rencontriez tous les jours ; puis pas avant six mois, ou des années. Ce n'était pas satisfaisant, convenaient-ils, de constater à quel point on connaissait peu les gens. Mais elle a dit que, assise dans le bus qui remontait Shaftesbury Avenue, elle se sentait partout ; pas « ici, ici, ici » ; et elle tapota le dossier du siège ; mais partout. Elle agita la main et remonta Shaftesbury Avenue. Elle était tout ça. De sorte que pour la connaître, ou quelqu'un d'autre, il faut rechercher les personnes qui les ont complétés ; même les lieux. D'étranges affinités qu'elle avait avec des gens à qui elle n'avait jamais parlé, une femme dans la rue, un homme derrière un comptoir, voire des arbres ou des granges. Cela aboutissait à une théorie transcendantale qui, avec son horreur de la mort, lui permettait de croire, ou de dire qu'elle croyait (malgré tout son scepticisme), que puisque nos apparitions, la partie de nous qui apparaît, est si momentanée par rapport à l'autre , la partie invisible de nous, qui s'étend largement, l'invisible pourrait survivre, être retrouvé d'une manière ou d'une autre attaché à telle ou telle personne, ou même hanter certains endroits après la mort... peut-être - peut-être.

En repensant à cette longue amitié de près de trente ans, sa théorie fonctionnait à ce point. Brèves, brisées, souvent douloureuses, aussi douloureuses soient-elles, à cause de ses absences et de ses interruptions (ce matin, par exemple, arriva Elizabeth, comme un poulain aux longues jambes, belle, muette, au moment où il commençait à parler à Clarissa). leur effet sur sa vie était incommensurable. Il y avait un mystère à ce sujet. On vous a donné un grain aigu, aigu et inconfortable : la réunion elle-même ; horriblement douloureux le plus souvent; pourtant, en son absence, dans les endroits les plus improbables, il fleurirait, s'ouvrirait, répandrait son parfum, vous permettrait de toucher, de goûter, de regarder autour de vous, d'en avoir la sensation et la compréhension, après des années de mensonge perdu. Ainsi elle était venue vers lui ; à bord du navire ; dans l'Himalaya ; suggéré par les choses les plus étranges (c'est ainsi que Sally Seton, oie généreuse et enthousiaste ! a pensé à *lui* en voyant des hortensias bleus). Elle l'avait influencé plus que n'importe quelle personne qu'il avait jamais connue. Et toujours ainsi se présentant devant lui sans qu'il le veuille, froid, féminin, critique ; ou ravissant, romantique, rappelant un champ ou une récolte anglaise. Il la voyait le plus souvent à la campagne, pas à Londres. Une scène après l'autre à Bourton....

Il était arrivé à son hôtel. Il traversa le hall, avec ses tas de chaises et de canapés rougeâtres, ses plantes aux feuilles épineuses et à l'air flétries. Il a retiré sa clé du crochet. La jeune femme lui remit quelques lettres. Il montait à l'étage ; il la voyait le plus souvent à Bourton, à la fin de l'été, où il y restait une semaine, voire une quinzaine, comme on faisait alors. D'abord, au sommet d'une colline, elle se tenait là, les mains posées sur ses cheveux, sa cape gonflée, les pointant du doigt, leur criant – elle voyait la Severn en dessous. Ou dans un bois, faisant bouillir la bouilloire — très inefficace avec ses doigts ; la fumée qui fait la révérence, souffle sur leurs visages ; son petit visage rose transparaît ; mendiant de l'eau à une vieille femme dans une chaumière, qui est venue à la porte pour les regarder partir. Ils marchaient toujours ; les autres conduisaient. Elle s'ennuyait au volant, n'aimait pas tous les animaux, sauf ce chien. Ils parcouraient des kilomètres le long des routes. Elle s'arrêtait pour prendre ses repères, le reconduisait à travers le pays ; et tout le temps ils se disputaient, discutaient de poésie, discutaient de gens, discutaient de politique (elle était alors radicale) ; ne remarquant jamais rien sauf lorsqu'elle s'arrêtait, criait devant une vue ou un arbre et le faisait regarder avec elle ; et ainsi de suite, à travers les champs de chaume, elle marchant devant, avec une fleur pour sa tante, ne se lassant jamais de marcher malgré toute sa délicatesse ; descendre sur Bourton au crépuscule. Puis, après le dîner, le vieux Breitkopf ouvrait le piano et chantait sans voix, et ils s'enfonçaient dans les fauteuils, essayant de ne pas rire, mais toujours s'effondrant et riant, riant, riant de rien. Breitkopf était censé ne pas voir. Et puis le matin, flirter comme une bergeronnette devant la maison....

Oh, c'était une lettre d'elle ! Cette enveloppe bleue ; c'était sa main. Et il faudrait qu'il le lise. Voilà encore une de ces rencontres, forcément douloureuses ! Lire sa lettre demandait un sacré effort. «Comme c'était paradisiaque de le voir. Elle doit lui dire ça. C'était tout.

Mais cela l'a bouleversé. Cela l'ennuyait. Il aurait aimé qu'elle ne l'ait pas écrit. Venant au-dessus de ses pensées, ce fut comme un coup de coude dans les côtes. Pourquoi ne pouvait-elle pas le laisser tranquille ? Après tout, elle avait épousé Dalloway et avait vécu avec lui dans un bonheur parfait toutes ces années.

Ces hôtels ne sont pas des lieux consolants. Loin de là. De nombreuses personnes avaient accroché leur chapeau à ces piquets. Même les mouches, si on y pensait, s'étaient posées sur le nez des autres. Quant à la propreté qui le frappait au visage, ce n'était pas tant la propreté que la nudité, la frigidité ; une chose qui devait être. Une matrone aride faisait sa ronde à l'aube, reniflant, scrutant, faisant parcourir le monde entier aux servantes au nez bleu, comme si le prochain visiteur était un morceau de viande à servir sur un plateau parfaitement propre. Pour dormir, un lit ; pour s'asseoir, un fauteuil ; pour se laver les dents et se raser le menton, un gobelet, un miroir. Livres, lettres, robe de chambre, glissaient sur l'impersonnalité du crin comme des impertinences incongrues. Et c'est la lettre de Clarissa qui lui a fait comprendre tout cela. « C'est paradisiaque de te voir. Elle doit le dire ! Il plia le papier ; l'a repoussé; rien ne l'inciterait à le relire !

Pour lui faire parvenir cette lettre à six heures, elle a dû s'asseoir et l'écrire dès qu'il l'a quittée ; je l'ai tamponné; j'ai envoyé quelqu'un au poste. Cela lui ressemblait beaucoup, comme on dit. Elle était bouleversée par sa visite. Elle avait ressenti beaucoup de choses ; un instant, lorsqu'elle lui baisa la main, elle le regretta, l'envia même, se souvint peut-être (car il la voyait le regarder) de quelque chose qu'il avait dit : combien ils changeraient le monde si elle l'épousait peut-être ; alors que c'était ceci; c'était l'âge moyen ; c'était la médiocrité ; puis elle se força, avec sa vitalité indomptable, à mettre tout cela de côté, il y avait en elle un fil de vie dont il n'avait jamais connu un pareil en termes de ténacité, d'endurance, de puissance pour surmonter les obstacles et la mener triomphalement. Oui; mais il y aurait une réaction dès qu'il quitterait la pièce. Elle aurait terriblement pitié de lui ; elle penserait à ce qu'elle pouvait faire pour lui donner du plaisir (à moins toujours d'une seule chose) et il pouvait la voir, les larmes coulant sur ses joues, se diriger vers sa table d'écriture et s'élancer sur la seule ligne qu'il devait dire. trouvez-le en train de le saluer… « Céleste de vous voir ! » Et elle le pensait vraiment.

Peter Walsh avait maintenant délacé ses bottes.

Mais leur mariage n'aurait pas été une réussite. L'autre chose, après tout, est venue beaucoup plus naturellement.

C'était étrange ; c'était vrai; beaucoup de gens l'ont ressenti. Peter Walsh, qui avait fait un travail tout à fait respectable, remplissait convenablement les postes habituels, était apprécié, mais il se trouvait un peu grincheux, se donnait des airs — il était étrange qu'il *ait* eu, surtout maintenant que ses cheveux étaient gris, un air satisfait ; un air d'avoir des réserves. C'est ce qui le rendait attirant pour les femmes qui appréciaient le sentiment qu'il n'était pas tout à fait viril. Il y avait quelque chose d'inhabituel chez lui, ou quelque chose derrière lui. Peut-être était-il livresque : il ne venait jamais vous voir sans prendre le livre posé sur la table (il lisait maintenant, les lacets de ses bottes traînant sur le sol) ; ou qu'il était un gentleman, ce qui se montrait dans la manière dont il faisait tomber les cendres de sa pipe, et bien sûr dans ses manières avec les femmes. Car c'était très charmant et tout à fait ridicule de voir avec quelle facilité une fille dénuée de bon sens pouvait le tordre autour de son doigt. Mais à ses risques et périls. C'est-à-dire que, même s'il était toujours aussi facile, et en effet, avec sa gaieté et sa gentillesse, il était fascinant de côtoyer, ce n'était que jusqu'à un certain point. Elle a dit quelque chose… non, non ; il a vu clair. Il ne supporterait pas ça – non, non. Il pourrait alors crier, se balancer et se maintenir ensemble lors d'une plaisanterie avec des hommes. Il était le meilleur juge de la cuisine en Inde. C'était un homme. Mais ce n'était pas le genre d'homme qu'il fallait respecter – ce qui était une miséricorde ; pas comme le major Simmons, par exemple ; pas du tout comme ça, pensait Daisy, quand, malgré ses deux jeunes enfants, elle avait l'habitude de les comparer.

Il ôta ses bottes. Il a vidé ses poches. Il sortit avec son canif une photo de Daisy sur la véranda ; Daisy toute en blanc, avec un fox-terrier sur les genoux ; très charmant, très sombre ; le meilleur qu'il ait jamais vu d'elle. Cela est venu, après tout, si naturellement ; tellement plus naturellement que Clarissa. Pas d'histoires. Pas la peine. Pas de tracasseries ni d'agitation. Tout va bien. Et la jeune fille brune et adorablement jolie sur la véranda s'exclama (il pouvait l'entendre). Bien sûr, bien sûr, elle lui donnerait tout ! elle pleurait (elle n'avait aucun sens de la discrétion) tout ce qu'il voulait ! cria-t-elle en courant à sa rencontre, quel que soit celui qui le regardait. Et elle n'avait que vingt-quatre ans. Et elle a eu deux enfants. Bien bien!

Eh bien, en effet, il s'était mis dans le pétrin à son âge. Et cela lui est venu quand il s'est réveillé la nuit avec force. Et si ils se mariaient ? Pour lui, ce serait très bien, mais qu'en est-il pour elle ? Mme Burgess, une bonne personne et peu bavarde, à qui il s'était confié, pensait que son absence en Angleterre, apparemment pour voir des avocats, pourrait servir à faire reconsidérer Daisy, à réfléchir à ce que cela signifiait. C'était une question de position, dit Mme Burgess ; la barrière sociale ; abandonner ses enfants. Elle serait veuve avec un passé de ces jours, traînant dans les banlieues, ou plus probablement, sans discernement (vous savez, dit-elle, à quoi ressemblent ces femmes, avec trop de peinture). Mais Peter Walsh a fait caca sur tout ça. Il n'avait pas encore l'intention de mourir. Quoi qu'il en soit, elle doit se contenter d'elle-même ; Jugez par elle-même, pensa-t-il en parcourant la pièce en chaussettes pour lisser sa chemise, car il pourrait aller à la fête de Clarissa, ou il pourrait aller dans l'une des salles, ou il pourrait s'installer et lire un livre passionnant écrit. par un homme qu'il a connu à Oxford. Et s'il prenait sa retraite, c'est ce qu'il ferait : écrire des livres. Il allait à Oxford et fouinait dans le Bodleian. En vain la jeune fille brune et adorablement jolie courut jusqu'au bout de la terrasse ; elle agita vainement la main ; pleurait en vain, elle ne se souciait pas de ce que les gens disaient. Il était là, l'homme qu'elle considérait comme le meilleur, le parfait gentleman, le fascinant, le distingué (et son âge ne faisait pas la moindre différence pour elle), se promenant dans une chambre d' hôtel à Bloomsbury, se rasant, se lavant, continuant : alors qu'il prenait des canettes, posait des rasoirs, pour fouiller dans le Bodleian et découvrir la vérité sur une ou deux petites choses qui l'intéressaient. Et il bavardait avec qui que ce soit, et ainsi en arrivait à négliger des heures de plus en plus précises pour le déjeuner, et manquait des engagements, et quand Daisy le lui demandait, comme elle le ferait, pour un baiser, une scène, il ne parvenait pas à monter. jusqu'au bout (même s'il lui était véritablement dévoué) - en bref, il serait peut-être plus heureux, comme le disait Mme Burgess, qu'elle l'oublie, ou se souvienne simplement de lui tel qu'il était en août 1922, comme une figure debout près de la croix. routes au crépuscule, qui deviennent de plus en plus éloignées à mesure que la charrette à chiens s'éloigne, la portant solidement attachée à la banquette arrière, bien que ses bras soient tendus, et alors qu'elle voit la silhouette diminuer et disparaître, elle crie toujours comment elle ferait. n'importe quoi au monde, n'importe quoi, n'importe quoi, n'importe quoi....

Il n'a jamais su ce que les gens pensaient. Il lui devenait de plus en plus difficile de se concentrer. Il était absorbé ; il s'occupa de ses propres soucis ; tantôt hargneux, tantôt gai ; dépendant des femmes, distrait, maussade, de moins en moins capable (pensa-t-il en se rasant) de comprendre pourquoi Clarissa ne pouvait pas simplement leur trouver un logement et être gentille avec Daisy ; présente-la. Et puis il pourrait juste... faire quoi ? simplement hanter et planer (il était en ce moment occupé à trier diverses clés, papiers), plonger et goûter, être seul, bref se suffire à lui-même ; et pourtant personne, bien sûr, n'était plus dépendant des autres (il boutonna son gilet) ; cela avait été sa perte. Il ne pouvait rester à l'écart des fumoirs, aimait les colonels, aimait le golf, aimait le bridge et par-dessus tout la société des femmes, et la finesse de leur compagnie, et leur fidélité, leur audace et leur grandeur dans l'amour qui, bien qu'elle ait ses inconvénients, lui semblait (et le visage sombre et adorablement joli était au-dessus des enveloppes) une fleur si admirable et si splendide qui poussait au sommet de la vie humaine, et pourtant il ne pouvait pas être à la hauteur, étant toujours enclin à voir autour des choses. (Clarissa avait sapé quelque chose en lui de façon permanente), et se lasser très facilement d'un dévouement muet et vouloir de la variété en amour, même si cela le rendrait furieux si Daisy aimait quelqu'un d'autre, furieux ! car il était jaloux, d'une jalousie incontrôlable par tempérament. Il a subi des tortures ! Mais où était son couteau ? sa montre; ses sceaux, son porte-billets et la lettre de Clarissa qu'il ne relireait pas mais à laquelle il aimait penser, et la photographie de Daisy ? Et maintenant pour le dîner.

Ils mangeaient.

Assis à de petites tables autour de vases, habillés ou non, avec leurs châles et leurs sacs posés à côté d'eux, avec leur air faux de sang-froid, car ils n'étaient pas habitués à tant de plats au dîner, et d'assurance, car ils pouvaient se payer cela, et l'effort, car ils avaient couru dans Londres toute la journée pour faire du shopping, faire du tourisme ; et leur curiosité naturelle, car ils regardaient autour de eux lorsque le joli monsieur aux lunettes cerclées d'écaille entra, et leur bonne nature, car ils auraient été heureux de rendre n'importe quel petit service, comme prêter un emploi du temps ou transmettre des informations utiles, et leur désir, palpitant en eux, les tirant souterrainement , d'une manière ou d'une autre, d'établir des liens ne serait-ce qu'un lieu de naissance (Liverpool, par exemple) en commun ou des amis du même nom ; avec leurs regards furtifs, leurs silences étranges et leurs retraits soudains dans la plaisanterie et l'isolement familiaux ; Là, ils étaient assis en train de dîner lorsque M. Walsh entra et prit place à une petite table près du rideau.

Ce n'était pas qu'il disait quelque chose, car étant solitaire, il ne pouvait s'adresser qu'au garçon ; c'était sa manière de regarder le menu, de pointer l'index vers tel ou tel vin, de se mettre à table, de s'adresser au dîner avec sérieux, sans gourmandise, qui lui valait le respect ; qui, devant rester inexprimé pendant la plus grande partie du repas, s'enflamma à la table où étaient assis les Morris lorsque M. Walsh fut entendu dire à la fin du repas : « Poires Bartlett ». Pourquoi il aurait dû parler si modérément mais si fermement, avec l'air d'un disciplinaire tout à fait dans le cadre de ses droits qui sont fondés sur la justice, ni le jeune Charles Morris, ni le vieux Charles, ni Miss Elaine ni Mme Morris ne le savaient. Mais quand il disait : « Poires Bartlett », assis seul à sa table, ils sentaient qu'il comptait sur leur appui pour quelque demande légitime ; était le champion d'une cause qui devenait immédiatement la leur, de sorte que leurs regards rencontrèrent les siens avec sympathie, et lorsqu'ils arrivèrent tous simultanément au fumoir, une petite conversation entre eux devint inévitable.

Ce n'était pas très profond – seulement que Londres était bondée ; avait changé en trente ans ; que M. Morris préférait Liverpool ; que Mme Morris avait été à l'exposition florale de Westminster et qu'ils avaient tous vu le prince de Galles. Pourtant, pensait Peter Walsh, aucune famille au monde ne peut se comparer aux Morris ; rien du tout; et leurs relations les uns avec les autres sont parfaites, et ils ne se soucient pas des classes supérieures, et ils aiment ce qu'ils aiment, et Elaine suit une formation pour l'entreprise familiale, et le garçon a gagné une bourse à Leeds, et le la vieille dame (qui a à peu près son âge) a trois autres enfants à la maison ; et ils ont deux automobiles, mais M. Morris répare encore les bottes le dimanche : c'est superbe, c'est absolument superbe, pensa Peter Walsh en se balançant un peu d'avant en arrière, son verre de liqueur à la main, parmi les chaises rouges velues et cendriers, très content de lui, car les Morris l'aimaient bien. Oui, ils aimaient un homme qui disait : « Poires Bartlett ». Ils l'aimaient bien, il le sentait.

Il irait à la fête de Clarissa. (Les Morris s'éloignaient ; mais ils se reverraient.) Il irait à la fête de Clarissa, parce qu'il voulait demander à Richard ce qu'ils faisaient en Inde, les idiots conservateurs. Et que se passe-t-il ? Et de la musique... Oh oui, et de simples potins.

Car telle est la vérité sur notre âme, pensa-t-il, notre moi, qui, semblable à un poisson, habite les mers profondes et sillonne les obscurités, se faufilant entre les fûts de mauvaises herbes géantes, sur des espaces vacillants par le soleil et encore et encore dans l'obscurité, le froid, profond, impénétrable; tout à coup, elle remonte à la surface et s'amuse sur les vagues ridées par le vent ; c'est-à-dire qu'elle a un besoin positif de se brosser, de gratter, de s'allumer, de bavarder. Que voulait faire le gouvernement – Richard Dalloway le savait – à propos de l'Inde ?

Comme il faisait très chaud la nuit et que les vendeurs de journaux passaient avec des pancartes annonçant en grosses lettres rouges qu'il y avait une canicule, des chaises en osier furent placées sur les marches de l'hôtel et là, sirotant, fumant, des messieurs détachés s'assirent. Peter Walsh était assis là. On pourrait croire que ce jour, le jour de Londres, ne faisait que commencer. Comme une femme qui aurait ôté sa robe imprimée et son tablier blanc pour se parer de bleu et de perles, le jour changeait, remettait ses affaires, prenait de la gaze, se changeait pour le soir, et avec le même soupir d'exaltation qu'une femme respire en faisant tomber ses jupons. au sol, elle aussi répand de la poussière, de la chaleur, de la couleur ; la circulation s'est éclaircie ; les automobiles, tintant, s'élançant, succédaient aux camions ; et çà et là, parmi les feuillages épais des places, flottait une lumière intense. Je démissionne, semblait dire le soir, tandis qu'il pâlissait et s'effaçait au-dessus des créneaux et des proéminences moulées , pointues de l'hôtel, de l'appartement et du pâté de maisons, je m'efface, elle commençait, je disparais, mais Londres ne voulait rien de tout cela. et il lança ses baïonnettes dans le ciel, la harangua, la contraignit à s'associer à ses réjouissances.

Car la grande révolution de l'heure d'été de M. Willett avait eu lieu depuis la dernière visite de Peter Walsh en Angleterre. Cette soirée prolongée était nouvelle pour lui. C'était plutôt inspirant. Car tandis que passaient les jeunes gens avec leurs cartons d'expédition , terriblement heureux d'être libres, fiers aussi, bêtement, de fouler ce fameux trottoir, une sorte de joie, bon marché, clinquant, si l'on veut, mais tout de même ravissement, rouge leurs visages. Ils s'habillaient bien aussi ; bas roses; jolies chaussures. Ils auraient désormais deux heures pour les photos. Il les aiguisait, les affine, la lumière jaune-bleue du soir ; et sur les feuilles de la place brillait sinistre, livide – elles semblaient plongées dans l'eau de mer – le feuillage d'une ville submergée. Il était étonné par la beauté ; c'était encourageant aussi, car là où l'Anglo-Indien de retour était assis de droit (il en connaissait des foules) dans l'Oriental Club résumant bilieux la ruine du monde, le voilà, aussi jeune que jamais ; enviant aux jeunes leur été et tout le reste, et plus que devinant, d'après les paroles d'une jeune fille, d'après le rire d'une bonne, des choses intangibles sur lesquelles on ne pouvait pas mettre la main, ce changement dans toute l'accumulation pyramidale qui, dans sa jeunesse, avait semblé immobile. Au-dessus d'eux, il avait appuyé ; les alourdis, les femmes surtout, comme ces fleurs que la tante Hélène de Clarissa pressait entre des feuilles de buvard gris surmontées du dictionnaire de Littré , assise sous la lampe après le dîner. Elle était morte maintenant. Il avait entendu parler d'elle, par Clarissa, ayant perdu la vue d'un œil. Il semblait si approprié – un des chefs-d'œuvre de la nature – que la vieille Miss Parry se tourne vers le verre. Elle mourrait comme un oiseau dans le gel en s'accrochant à son perchoir. Elle appartenait à un autre âge, mais étant si entière, si complète, elle se dresserait toujours à l'horizon, blanche comme la pierre, éminente, comme un phare marquant une étape passée de ce long, très long voyage aventureux, de cet interminable (il se sentait pour qu'un flic achète un journal et lise sur le Surrey et le Yorkshire (il avait soutenu des millions de fois que le cuivre était à nouveau épuisé) - cette vie interminable. Mais le cricket n'était pas un simple jeu. Le cricket était important. Il ne pouvait jamais s'empêcher de lire sur le cricket. Il lut d'abord les scores dans le presse-arrêt, puis comment il faisait chaud ; puis à propos d'une affaire de meurtre. Avoir fait des choses des millions de fois les a enrichis, même si on pourrait dire que cela enlève la surface. Le passé enrichi, l'expérience, le fait d'avoir pris soin d'une ou deux personnes, et ainsi d'avoir acquis le pouvoir qui manque aux jeunes, de couper court, de faire ce qu'on veut, de ne pas se soucier de ce que disent les gens et d'aller et venir sans se soucier de rien. de grandes attentes (il laissa son papier sur la table et s'éloigna), ce qui cependant (et il chercha son chapeau et son manteau) n'était pas tout à fait vrai de sa part, pas ce soir, car voici qu'il commençait à aller à une fête, à son âge, avec la conviction qu'il était sur le point de vivre une expérience. Mais quoi?

La beauté en tout cas. Pas la beauté grossière de l'œil. Ce n'était pas la beauté pure et simple : Bedford Place menant à Russell Square. C'était de la rectitude et du vide bien sûr ; la symétrie d'un couloir ; mais c'était aussi des fenêtres éclairées, un piano, un gramophone qui sonnait ; un sentiment de plaisir caché, mais qui émerge de temps en temps quand, à travers la fenêtre sans rideaux , la fenêtre laissée ouverte, on aperçoit des groupes assis autour de tables, des jeunes gens tournant lentement, des conversations entre hommes et femmes, des servantes regardant paresseusement (un étrange commentent le leur, une fois le travail terminé), des bas séchant sur les rebords supérieurs, un perroquet, quelques plantes. Absorbante, mystérieuse, d'une richesse infinie, cette vie. Et sur la grande place où les fiacres filaient et faisaient si vite des embardées, il y avait des couples qui flânaient, s'embrassant, rétrécis sous la pluie d'un arbre ; c'était émouvant; si silencieux, si absorbé, qu'on passait, discrètement, timidement, comme en présence de quelque cérémonie sacrée à interrompre qui eût été impie. C'était intéressant. Et ainsi de suite dans l'éclat et l'éblouissement.

Son pardessus léger s'ouvrit brusquement, il fit un pas avec une particularité indescriptible, se pencha un peu en avant, trébucha, les mains derrière le dos et les yeux encore un peu faucon ; il a traversé Londres, vers Westminster, en observant.

Alors, tout le monde dînait au restaurant ? Les portes étaient ouvertes ici par un valet de pied pour laisser sortir une vieille dame au pas haut, portant des chaussures à boucles, avec trois plumes d'autruche violettes dans les cheveux. Les portes s'ouvraient pour des dames enveloppées comme des momies dans des châles ornés de fleurs aux couleurs vives, des dames tête nue. Et dans des quartiers respectables avec des piliers en stuc à travers de petits jardins de devant légèrement enveloppés de peignes dans les cheveux (ayant couru pour voir les enfants), des femmes arrivaient ; des hommes les attendaient, leurs manteaux ouverts, et le moteur démarra. Tout le monde sortait. Avec ces portes ouvertes, la descente et le départ, c'était comme si tout Londres s'embarquait dans de petits bateaux amarrés à la rive, se balançant sur les eaux, comme si tout l'endroit s'envolait en carnaval. Et Whitehall était patiné, tout en argent battu, patiné par des araignées, et il y avait une impression de moucherons autour des lampes à arc ; il faisait si chaud que les gens restaient debout pour parler. Et ici, à Westminster, il y avait un juge à la retraite, vraisemblablement assis quatre places devant la porte de sa maison, vêtu tout de blanc. Un Anglo-Indien probablement.

Et ici un groupe de bagarres, de femmes ivres ; ici seulement un policier et des maisons qui se profilent, des maisons hautes, des maisons à coupole, des églises, des parlements, et le hululement d'un bateau à vapeur sur le fleuve, un cri creux et brumeux. Mais c'était sa rue, celle-ci, celle de Clarissa ; les taxis se précipitaient au coin de la rue, comme l'eau autour des piliers d'un pont, serrés, lui semblait-il, parce qu'ils emportaient les gens qui allaient à sa fête, la fête de Clarissa.

Le flux froid des impressions visuelles lui manquait maintenant, comme si l'œil était une coupe qui débordait et laissait le reste couler sur ses parois de porcelaine sans être enregistré. Le cerveau doit se réveiller maintenant. Le corps doit se contracter maintenant, entrer dans la maison, la maison éclairée, où la porte était ouverte, où se trouvaient les automobiles et les femmes brillantes qui descendaient : l'âme doit se braver pour endurer. Il ouvrit la grosse lame de son canif.

Lucy descendit les escaliers en courant, venant juste d'entrer dans le salon pour lisser une couverture, redresser une chaise, s'arrêter un instant et sentir que quiconque entrait devait penser à quel point il était propre, lumineux, magnifiquement entretenu, quand il elle vit la belle argenterie, les fers à feu en laiton, les housses de chaises neuves et les rideaux de persienne jaune : elle examina chacun d'eux ; j'ai entendu un rugissement de voix; des gens qui revenaient déjà du dîner ; elle doit voler !

Le Premier ministre arrivait, dit Agnès : c'est ce qu'elle avait entendu dire dans la salle à manger, dit-elle en entrant avec un plateau de verres. Est-ce que cela importait, est-ce que cela importait le moins, un Premier ministre de plus ou de moins ? Cela ne faisait aucune différence à cette heure de la nuit pour Mme Walker parmi les assiettes, les casseroles, les culenders, les poêles à frire, le poulet en gelée, les congélateurs à glace, les croûtes de pain parées, les citrons, les soupières et les bassines à pudding qui, aussi durs qu'ils se lavaient dans l'arrière-cuisine, ils semblaient tous se retrouver sur elle, sur la table de la cuisine, sur les chaises, tandis que le feu hurlait et rugissait, les lumières électriques brillaient et qu'il fallait encore préparer le souper. Tout ce qu'elle pensait, c'est qu'un premier ministre ne faisait plus ou moins la moindre différence pour Mme Walker.

Les dames montaient déjà, dit Lucy ; les dames montaient une à une, Mme Dalloway marchant en dernier et envoyant presque toujours un message à la cuisine : « Mon amour pour Mme Walker », c'était tout une nuit. Le lendemain matin, ils revoyaient les plats : la soupe, le saumon ; le saumon, Mme Walker le savait, comme d'habitude pas assez cuit, car elle était toujours nerveuse à propos du pudding et laissait le soin à Jenny ; c'est ce qui s'est passé, le saumon était toujours pas assez cuit. Mais une dame aux cheveux blonds et aux ornements argentés avait dit, dit Lucy, à propos de l'entrée, était-elle vraiment faite à la maison ? Mais c'était le saumon qui dérangeait Mme Walker, alors qu'elle faisait tourner les assiettes en rond, rentrait et retirait les registres ; et il y eut un éclat de rire de la salle à manger ; une voix parlant; puis nouvel éclat de rire : les messieurs s'amusaient quand les dames étaient parties. Le tokay, dit Lucy en courant. M. Dalloway avait fait venir le tokay, des caves de l'empereur , l'Imperial Tokay.

Cela passait par la cuisine. Par-dessus son épaule, Lucy rapporta à quel point Miss Elizabeth était plutôt jolie ; elle ne pouvait pas la quitter des yeux ; dans sa robe rose, portant le collier que M. Dalloway lui avait offert. Jenny devait se souvenir du chien, le fox-terrier de Miss Elizabeth, qui, depuis qu'il avait mordu, devait être enfermé et qui pourrait, pensa Elizabeth, vouloir quelque chose. Jenny doit se souvenir du chien. Mais Jenny ne montait pas à l'étage avec tous ces gens. Il y avait déjà un moteur à la porte ! On sonna à la cloche... et ces messieurs étaient toujours dans la salle à manger, en train de boire, d'accord !

Là, ils montaient à l'étage ; c'était le premier à venir, et maintenant ils viendraient de plus en plus vite, de sorte que Mme Parkinson (embauchée pour les fêtes) laisserait la porte de la salle entrouverte, et la salle serait pleine de messieurs qui attendaient (ils attendaient, lissant leurs bras). cheveux) pendant que les dames enlevaient leurs manteaux dans la pièce du couloir ; où Mme Barnet les aidait, la vieille Ellen Barnet, qui était avec la famille depuis quarante ans, et venait chaque été pour aider les dames, et se souvenait des mères quand elles étaient filles, et, bien que très modeste, leur serrait la main ; » a dit « Milady » avec beaucoup de respect, tout en ayant une attitude humoristique avec elle, en regardant les jeunes filles et en aidant avec beaucoup de tact Lady Lovejoy, qui avait quelques problèmes avec son dessous de corsage. Et elles ne pouvaient s'empêcher de penser, Lady Lovejoy et Miss Alice, qu'un petit privilège en matière de brosse et de peigne leur avait été accordé après avoir connu Mme Barnet – « trente ans, milady », lui a fourni Mme Barnet. Les jeunes dames n'avaient pas l'habitude de se rougir, disait Lady Lovejoy, lorsqu'elles séjournaient à Bourton autrefois. Et Miss Alice n'avait pas besoin de rouge, dit Mme Barnet en la regardant avec tendresse. Là, Mme Barnet s'asseyait, au vestiaire, tapotant les fourrures, lissant les châles espagnols, rangeant la coiffeuse, et sachant parfaitement, malgré les fourrures et les broderies, qui étaient de gentilles dames, qui n'étaient pas des dames. . Le cher vieux corps, dit Lady Lovejoy en montant les escaliers, la vieille nourrice de Clarissa.

Et puis Lady Lovejoy se raidit. « Lady et Miss Lovejoy », a-t-elle dit à M. Wilkins (embauché pour des fêtes). Il avait une attitude admirable, alors qu'il se penchait et se redressait, se courbait et se redressait et annonçait avec une parfaite impartialité "Lady et Miss Lovejoy... Sir John et Lady Needham... Miss Weld... M. Walsh." Ses manières étaient admirables ; sa vie de famille devait être irréprochable, sauf qu'il semblait impossible qu'un être aux lèvres verdâtres et aux joues rasées ait jamais pu se jeter dans la nuisance des enfants.

« Comme c'est agréable de vous voir ! » dit Clarisse. Elle l'a dit à tout le monde . Comme c'est agréable de vous voir ! Elle était au pire : débordante, peu sincère. C'était une grave erreur d'être venu. Il aurait dû rester à la maison et lire son livre, pensa Peter Walsh ; j'aurais dû aller au music-hall; il aurait dû rester à la maison, car il ne connaissait personne.

Oh mon Dieu, ça allait être un échec ; un échec complet, Clarissa le ressentit dans ses os alors que le cher vieux Lord Lexham se tenait là pour s'excuser pour sa femme qui avait pris froid à la garden-party du palais de Buckingham . Elle voyait Peter du coin de l'œil, la critiquant , là, dans ce coin. Pourquoi, après tout, a-t-elle fait ces choses ? Pourquoi chercher des sommets et rester trempé dans le feu ? Cela pourrait-il la consumer de toute façon ! Brûlez-la en cendres ! Mieux vaut brandir son flambeau et le jeter à terre que de s'effiler et de s'amenuiser comme une Ellie Henderson ! C'était extraordinaire de voir comment Peter la mettait dans ces états rien qu'en venant se tenir dans un coin. Il lui a fait se voir ; exagérer. C'était idiot. Mais pourquoi est-il donc venu uniquement pour critiquer ? Pourquoi toujours prendre, ne jamais donner ? Pourquoi ne pas risquer son petit point de vue ? Il s'éloignait là, et il fallait qu'elle lui parle. Mais elle n'en aurait pas l'occasion. La vie, c'était cela : l'humiliation, le renoncement. Ce que Lord Lexham disait, c'est que sa femme ne porterait pas ses fourrures à la garden-party parce que « ma chère, vous, mesdames, êtes toutes pareilles » – Lady Lexham ayant au moins soixante-quinze ans ! C'était délicieux, comme ils se caressaient, ce vieux couple. Elle aimait bien le vieux Lord Lexham . Elle pensait que c'était important, sa fête, et cela la rendait assez malade de savoir que tout allait mal, que tout s'écroulait. N'importe quelle explosion, n'importe quelle horreur valait mieux que des gens errant sans but, se tenant en groupe dans un coin comme Ellie Henderson, sans même se soucier de se tenir debout.

Doucement, le rideau jaune avec tous les oiseaux du paradis se détacha et il sembla qu'il y avait un vol d'ailes dans la pièce, puis ressortait, puis revenait. (Car les fenêtres étaient ouvertes.) Y avait-il des courants d'air, se demanda Ellie Henderson ? Elle était sujette à des frissons. Mais peu importait qu'elle descende en éternuant demain ; c'était aux filles aux épaules nues qu'elle pensait, entraînées à penser aux autres par un vieux père, invalide et défunt vicaire de Bourton, mais il était mort maintenant ; et ses frissons ne lui montaient jamais à la poitrine, jamais. C'était aux filles qu'elle pensait, aux jeunes filles aux épaules nues, elle-même ayant toujours été un brin de créature, avec ses cheveux fins et son profil maigre ; bien que maintenant, après la cinquantaine, commençait à briller un léger rayon, quelque chose de purifié en distinction par des années d'abnégation de soi mais obscurci à nouveau, perpétuellement, par sa gentillesse affligeante, sa peur panique, qui découlait de trois cents livres de revenu, et son état de désarmement (elle ne pouvait pas gagner un sou) et cela la rendait timide, et de plus en plus disqualifiée d'année en année pour rencontrer des gens bien habillés qui faisaient ce genre de choses tous les soirs de la saison, se contentant de dire à leurs servantes : « Je Je porterai ceci et cela », tandis qu'Ellie Henderson sortait nerveusement en courant et achetait des fleurs roses bon marché, une demi-douzaine, puis enfilait un châle par-dessus sa vieille robe noire. Car son invitation à la fête de Clarissa était arrivée au dernier moment. Elle n'en était pas très contente. Elle avait le sentiment que Clarissa n'avait pas eu l'intention de lui demander cette année.

Pourquoi devrait-elle le faire ? Il n'y avait vraiment aucune raison, sauf qu'ils se connaissaient depuis toujours. En effet, ils étaient cousins. Mais naturellement, ils s'étaient plutôt éloignés, Clarissa étant si recherchée. Pour elle, c'était un événement d'aller à une fête. C'était un vrai plaisir de voir les jolis vêtements. N'était-ce pas Elizabeth, grande, coiffée à la mode, en robe rose ? Pourtant, elle ne pouvait pas avoir plus de dix-sept ans. Elle était très, très belle. Mais les filles, lorsqu'elles sont sorties pour la première fois, ne semblaient pas porter du blanc comme avant. (Elle devait se souvenir de tout pour le dire à Edith.) Les filles portaient des robes droites, parfaitement ajustées, avec des jupes bien au-dessus des chevilles. Ce n'était pas convenable, pensa-t-elle.

Ainsi, avec sa vue faible, Ellie Henderson se pencha plutôt en avant, et ce n'était pas tellement elle qui se souciait de ne pas avoir personne à qui parler (elle ne connaissait presque personne là-bas), car elle sentait qu'ils étaient tous des gens tellement intéressants à regarder. ; des politiciens vraisemblablement ; les amis de Richard Dalloway ; mais c'était Richard lui-même qui sentait qu'il ne pouvait pas laisser la pauvre créature rester seule toute la soirée.

"Eh bien, Ellie, et comment le monde *te traite-t-il* ?" » dit-il avec sa manière cordiale, et Ellie Henderson, devenant nerveuse et rougissante et sentant que c'était extraordinairement gentil de sa part de venir lui parler, dit que beaucoup de gens ressentaient vraiment plus la chaleur que le froid.

"Oui, ils le font", a déclaré Richard Dalloway. "Oui."

Mais que dire de plus ?

« Bonjour, Richard », dit quelqu'un en le prenant par le coude, et, bon Dieu, il y avait le vieux Peter, le vieux Peter Walsh. Il était ravi de le voir – tellement heureux de le voir ! Il n'avait pas changé du tout. Et ils sont partis ensemble en traversant la pièce, se donnant de petites caresses, comme s'ils ne s'étaient pas rencontrés depuis longtemps, pensa Ellie Henderson en les regardant partir, certaine de connaître le visage de cet homme. Un homme de grande taille, d'âge moyen, aux yeux plutôt fins, brun, portant des lunettes, avec un look de John Burrows. Edith serait sûre de le savoir.

Le rideau avec son vol d'oiseaux du paradis s'est encore effondré. Et Clarissa a vu… elle a vu Ralph Lyon réagir et continuer à parler. Ce n'était donc pas un échec finalement ! tout allait bien se passer maintenant – sa fête. Cela avait commencé. Cela avait commencé. Mais c'était toujours un toucher et un départ. Elle doit rester là pour le moment. Les gens semblaient arriver en toute hâte.

Colonel et Mme Garrod... M. Hugh Whitbread... M. Bowley... Mme Hilbery ... Lady Mary Maddox... M. Quin... entonna Wilkin. Elle avait six ou sept mots avec chacun, et ils continuèrent, ils entrèrent dans les chambres ; maintenant, pas rien, puisque Ralph Lyon avait tiré le rideau.

Et pourtant, pour sa part, c'était trop d'effort. Elle n'appréciait pas ça. C'était trop comme être... n'importe qui, debout là ; n'importe qui pourrait le faire ; pourtant, cette personne qu'elle admirait un peu ne pouvait s'empêcher de penser qu'elle avait, de toute façon, fait en sorte que cela se réalise, que cela marquait une étape, ce poste qu'elle sentait être devenue, car curieusement elle avait complètement oublié à quoi elle ressemblait. comme, mais elle se sentit un pieu enfoncé en haut de ses escaliers. Chaque fois qu'elle donnait une fête , elle avait le sentiment d'être quelque chose qui n'était pas elle-même, et que chacun était irréel d'une certaine manière ; beaucoup plus réel dans un autre. C'était, pensa-t-elle, en partie leurs vêtements, en partie le fait qu'ils étaient sortis de leurs habitudes habituelles, en partie l'arrière-plan, il était possible de dire des choses qu'on ne pourrait pas dire autrement, des choses qui nécessitaient un effort ; possible d'aller beaucoup plus loin. Mais pas pour elle ; pas encore en tout cas.

« Comme c'est agréable de vous voir ! » dit-elle. Cher vieux Sir Harry ! Il connaîtrait tout le monde .

Et ce qu'il y avait de si étrange, c'était la sensation qu'on avait lorsqu'ils montaient les escaliers l'un après l'autre, Mme Mount et Celia, Herbert Ainsty, Mme Dakers – oh et Lady Bruton !

"Comme c'est vraiment gentil de votre part d'être venu !" » dit-elle, et elle le pensait sincèrement – c'était étrange comme on sentait qu'en se tenant là, ils continuaient, continuaient, certains assez vieux, d'autres...

Quel nom? Dame Rosseter ? Mais qui diable était Lady Rosseter ?

« Clarisse ! » Cette voix! C'était Sally Seton ! Sally Seton! après toutes ces années! Elle surgissait à travers la brume. Car elle n'avait pas ressemblé à *ça* , Sally Seton, quand Clarissa avait saisi le bidon d'eau chaude, pour penser à elle sous ce toit, sous ce toit ! Pas comme ça!

Tous les uns sur les autres, gênés, riants, les mots tombaient – en passant par Londres ; entendu Clara Haydon; quelle chance de te voir ! Alors je me suis lancé, sans invitation....

On pourrait déposer le bidon d'eau chaude en toute sérénité. Elle n'avait plus d'éclat . C'était pourtant extraordinaire de la revoir, plus âgée, plus heureuse, moins belle. Ils s'embrassèrent, d'abord sur cette joue puis sur celle-là, près de la porte du salon, et Clarissa se retourna, la main de Sally dans la sienne, et vit ses chambres pleines, entendit le rugissement des voix, vit les chandeliers, les rideaux gonflés et le roses que Richard lui avait offertes.

«J'ai cinq énormes garçons», a déclaré Sally.

Elle avait l'égoïsme le plus simple, le désir le plus ouvert d'être toujours considérée en premier, et Clarissa l'aimait parce qu'elle était toujours ainsi. "Je ne peux pas y croire!" s'écria-t-elle, enflammée de plaisir à la pensée du passé.

Mais hélas, Wilkins ; Wilkins la voulait ; Wilkins émettait d'une voix autoritaire, comme s'il fallait réprimander toute la compagnie et libérer l'hôtesse de la frivolité, un nom :

«Le Premier ministre», a déclaré Peter Walsh.

Le Premier ministre? Était-ce vraiment ? Ellie Henderson était émerveillée . Quelle chose à dire à Edith !

On ne pouvait pas se moquer de lui. Il avait l'air si ordinaire. Vous auriez pu le placer derrière un comptoir et lui acheter des biscuits, le pauvre type, tout en dentelle d'or. Et pour être honnête, pendant qu'il faisait sa tournée, d'abord avec Clarissa puis avec Richard qui l'escortait, il l'a très bien fait. Il a essayé de ressembler à quelqu'un. C'était amusant à regarder. Personne ne le regardait. Ils continuaient simplement à parler, et pourtant il était parfaitement évident qu'ils connaissaient tous, sentaient jusqu'à la moelle des os, cette majesté qui passait ; ce symbole de ce qu'ils représentaient tous, la société anglaise. La vieille Lady Bruton, qui avait l'air très belle aussi, très solide dans ses dentelles, nagea, et ils se retirèrent dans une petite pièce qui fut aussitôt espionnée, gardée, et une sorte d'agitation et de bruissement se répercuta ouvertement sur tout le monde : le Premier ministre!

Seigneur, seigneur, le snobisme des Anglais ! pensa Peter Walsh, debout dans un coin. Comme ils aimaient s'habiller de dentelle dorée et rendre hommage ! Là! Ce doit être, par Jupiter, c'était Hugh Whitbread, reniflant dans l'enceinte du grand, devenu un peu plus gros, plutôt plus blanc, l'admirable Hugh !

Il avait toujours l'air d'être de service, pensait Peter, un être privilégié mais secret, amassant des secrets qu'il mourrait pour défendre, même si ce n'était qu'un petit bavardage laissé par un valet de pied de la cour, qui serait en danger. tous les journaux demain. Tels étaient ses hochets, ses babioles, en jouant avec lesquels il avait blanchi, parvenu au seuil de la vieillesse, jouissant du respect et de l'affection de tous ceux qui avaient le privilège de connaître ce type d' écolier anglais . Inévitablement, on inventait des choses comme celles-là à propos de Hugh ; c'était son style ; le style de ces admirables lettres que Peter avait lu à des milliers de kilomètres à travers la mer dans le *Times* et avait remercié Dieu d'être sorti de cette bulle pernicieuse ne serait-ce que pour entendre les babouins babouins et les coolies battre leurs femmes. Un jeune à la peau olive d'une des universités se tenait obséquieusement à côté. Il le fréquenterait , l'initierait, lui apprendrait à s'en sortir. Car il n'aimait rien de mieux que de faire des gentillesses, de faire palpiter le cœur des vieilles dames de la joie d'être considérées dans leur âge, leur affliction, de se croire tout à fait oubliées, et pourtant voici ce cher Hugh qui arrivait et passait une heure à parler du passé. , se souvenant de bagatelles, faisant l'éloge du gâteau fait maison, même si Hugh pouvait manger du gâteau avec une duchesse n'importe quel jour de sa vie et, à le voir, il passait probablement beaucoup de temps à cette agréable occupation. Celui qui juge tout, le miséricordieux, pourrait excuser. Peter Walsh n'avait aucune pitié. Il doit y avoir des méchants, et Dieu sait que les coquins qui sont pendus pour avoir frappé le cerveau d'une fille dans un train font dans l'ensemble moins de mal que Hugh Whitbread et sa gentillesse. Regardez-le maintenant, sur la pointe des pieds, dansant en avant, s'inclinant et grattant, alors que le Premier ministre et Lady

Bruton émergeaient, laissant entendre au monde entier qu'il avait le privilège de dire quelque chose, quelque chose de privé, à Lady Bruton lors de son passage. Elle s'est arrêté. Elle secoua sa belle vieille tête. Elle le remerciait probablement pour une certaine servilité. Elle avait ses crapauds, des fonctionnaires mineurs des bureaux du gouvernement qui couraient pour effectuer de petits travaux en son nom, en échange desquels elle leur offrait un déjeuner. Mais elle date du XVIIIe siècle. Elle allait bien.

Et maintenant, Clarissa accompagnait son Premier ministre dans la pièce, caracolant, scintillante, avec la majesté de ses cheveux gris. Elle portait des boucles d'oreilles et une robe de sirène vert argenté. Se prélassant sur les vagues et tressant ses tresses, elle semblait avoir encore ce don ; être; exister; pour résumer tout cela au moment où elle est passée ; se retourna, attrapa son écharpe dans la robe d'une autre femme, la détacha, riait, le tout avec l'aisance la plus parfaite et l'air d'une créature flottant dans son élément. Mais l'âge l'avait effleurée ; tout comme une sirène pourrait voir dans son verre le soleil couchant lors d'une soirée très claire sur les vagues. Il y eut un souffle de tendresse ; sa sévérité, sa pruderie, son caractère boisé étaient désormais réchauffés, et elle avait autour d'elle, lorsqu'elle disait au revoir à l'homme épais aux galons d'or qui faisait de son mieux, et bonne chance à lui, pour avoir l'air important, un sentiment inexprimable. dignité; une cordialité exquise ; comme si elle souhaitait bonne chance au monde entier et qu'elle devait maintenant, étant au bord même des choses, prendre congé. Alors elle l'a fait réfléchir. (Mais il n'était pas amoureux.)

En effet, Clarissa estimait que le Premier ministre avait été gentil de venir. Et, marchant dans la pièce avec lui, avec Sally là et Peter là et Richard très content, avec tous ces gens un peu enclins peut-être à l'envie, elle avait ressenti cette ivresse du moment, cette dilatation des nerfs du cœur lui-même. jusqu'à ce qu'il paraisse frémir, raidi, droit ; — oui, mais après tout, c'était ce que les autres ressentaient, ça ; car, même si elle l'aimait et le sentait picoter et piquer, ces apparences, ces triomphes (le cher vieux Pierre, par exemple, la trouvant si brillante), avaient néanmoins un creux ; ils étaient à bout de bras, pas dans le cœur ; et il se pouvait qu'elle vieillisse mais ils ne la satisfaisaient plus comme avant ; et soudain, alors qu'elle voyait le Premier ministre descendre les escaliers, le bord doré de la photo de Sir Joshua de la petite fille au manchon ramena Kilman en toute hâte ; Kilman son ennemi. C'était satisfaisant; c'était réel. Ah, comme elle la détestait : chaude, hypocrite, corrompue ; avec tout ce pouvoir; le séducteur d'Elizabeth ; la femme qui s'était infiltrée pour voler et profaner (Richard disait : Quelle absurdité !). Elle la détestait : elle l'aimait. On voulait des ennemis, pas des amis – pas Mme Durrant et Clara, Sir William et Lady Bradshaw, Miss Truelock et Eleanor Gibson (qu'elle a vu monter à l'étage). Ils doivent la trouver s'ils la veulent. Elle était pour la fête !

Il y avait son vieil ami Sir Harry.

« Cher monsieur Harry ! » » dit-elle en s'approchant du brave vieil homme qui avait produit plus de mauvais tableaux que deux autres académiciens de tout St. John's Wood (il s'agissait toujours de bovins, debout dans des étangs au coucher du soleil, absorbant l'humidité, ou signifiant, car il avait un certaine gamme de gestes, par le lever d'une patte antérieure et le lancer des bois, «l'approche de l'étranger» - toutes ses activités, dîners au restaurant, courses, étaient fondées sur le bétail debout absorbant l'humidité dans les piscines au coucher du soleil).

"Ce qui vous fait rire?" elle lui a demandé. Car Willie Titcomb, Sir Harry et Herbert Ainsty riaient tous. Mais non. Sir Harry ne pouvait pas raconter à Clarissa Dalloway (même s'il l'aimait beaucoup ; il la trouvait parfaite et menaçait de la peindre) ses histoires sur la scène du music-hall. Il l'a plaisantée à propos de sa fête. Son cognac lui manquait. Ces cercles, dit-il, étaient au-dessus de lui. Mais il l'aimait bien ; il la respectait, en dépit de son raffinement mondain maudit et difficile, qui empêchait de demander à Clarissa Dalloway de s'asseoir sur ses genoux. Et arriva ce feu follet errant, cette phosphorescence vague , la vieille Mme Hilbery , tendant les mains à l'éclat de son rire (à propos du duc et de la dame), qui, comme elle l'entendit à travers la pièce , semblait la rassurer sur un point qui la gênait parfois si elle se réveillait tôt le matin et n'aimait pas appeler sa servante pour une tasse de thé ; comme il est certain que nous devons mourir.

« Ils ne nous racontent pas leurs histoires », a déclaré Clarissa.

« Chère Clarisse ! » s'exclama Mme Hilbery . Elle ressemblait ce soir, dit-elle, tellement à sa mère qu'elle l'avait vue pour la première fois se promener dans un jardin avec un chapeau gris.

Et vraiment, les yeux de Clarissa se remplirent de larmes. Sa mère, se promenant dans un jardin ! Mais hélas, elle doit partir.

Car il y avait le professeur Brierly, qui faisait une conférence sur Milton, parlant au petit Jim Hutton (qui était incapable, même pour une fête comme celle-ci, de porter à la fois une cravate et un gilet ou de faire tomber ses cheveux à plat), et même à cette distance, ils se disputaient, elle pourrait voir. Car le professeur Brierly était un poisson très bizarre. Avec tous ces diplômes, honneurs , conférences entre lui et les gribouilleurs, il soupçonna instantanément une atmosphère peu favorable à son étrange complexe ; son érudition prodigieuse et sa timidité ; son charme hivernal sans cordialité ; son innocence se mêlait de snobisme ; il frémissait s'il prenait conscience des cheveux hirsutes d'une dame, des bottes d'un adolescent, d'une pègre très honorable sans doute, de rebelles, de jeunes gens ardents ; de génies potentiels, et insinuait d'un petit hochement de tête, avec un reniflement —

Humph ! — la valeur de la modération ; d'une légère formation dans les classiques afin d'apprécier Milton. Le professeur Brierly (Clarissa pouvait le voir) ne s'entendait pas avec le petit Jim Hutton (qui portait des chaussettes rouges, ses noires étant à la blanchisserie) à propos de Milton. Elle l'interrompit.

Elle a dit qu'elle aimait Bach. Hutton aussi. C'était le lien qui les unissait, et Hutton (un très mauvais poète) a toujours pensé que Mme Dalloway était de loin la meilleure des grandes dames qui s'intéressaient à l'art. C'était étrange à quel point elle était stricte. En matière de musique, elle était purement impersonnelle. Elle était plutôt conne. Mais comme c'est charmant à regarder ! Elle aurait rendu sa maison si agréable sans ses professeurs . Clarissa avait envie de l'enlever et de le poser au piano dans l'arrière-salle. Car il jouait divinement.

"Mais le bruit !" dit-elle. "Le bruit!"

"Le signe d'une fête réussie." Hochant la tête avec urbanité, le professeur s'éloigna délicatement.

"Il sait tout sur Milton", a déclaré Clarissa.

« Vraiment ? » dit Hutton, qui imiterait le professeur dans tout Hampstead ; le professeur sur Milton ; le Professeur sur la modération ; le professeur s'éloigna délicatement.

Mais elle doit parler à ce couple, dirent Clarissa, Lord Gayton et Nancy Blow.

Non qu'ils *ajoutèrent* sensiblement au bruit de la fête. Ils ne parlaient pas (perceptiblement) alors qu'ils se tenaient côte à côte près des rideaux jaunes. Ils partiraient bientôt ailleurs, ensemble ; et je n'ai jamais eu grand-chose à dire, quelles que soient les circonstances. Ils regardèrent ; c'était tout. C'était assez. Ils avaient l'air si propres, si sains, elle avec une floraison abricotée de poudre et de peinture, mais il frottait, rinçait, avec des yeux d'oiseau, pour qu'aucune balle ne puisse le dépasser ou qu'un coup ne le surprenne. Il a frappé, il a sauté, avec précision, sur place. Les gueules des poneys frémissaient au bout de ses rênes. Il avait ses honneurs , ses monuments ancestraux, ses banderoles accrochées dans l'église de sa maison. Il avait ses devoirs ; ses locataires ; une mère et des sœurs ; J'avais passé toute la journée à Lords, et c'était de cela qu'ils parlaient – de cricket, de cousins, de cinéma – lorsque Mme Dalloway arriva. Lord Gayton l'aimait énormément. Miss Blow aussi. Elle avait des manières si charmantes.

"C'est angélique, c'est délicieux de votre part d'être venu !" dit-elle. Elle aimait les seigneurs ; elle aimait la jeunesse, et Nancy, habillée à grands frais par les plus grands artistes de Paris, se tenait là comme si son corps n'avait fait que déployer, de lui-même, un volant vert.

«J'avais eu l'intention de danser», a déclaré Clarissa.

Car les jeunes ne pouvaient pas parler. Et pourquoi le devraient-ils ? Criez, embrassez, balancez-vous, levez-vous à l'aube ; apporter du sucre aux poneys; embrasser et caresser le museau d'adorables chows ; puis tout picotant et ruisselant, plonge et nage. Mais les énormes ressources de la langue anglaise, le pouvoir qu'elle confère après tout de communiquer des sentiments (à leur âge, elle et Peter se seraient disputés toute la soirée), n'étaient pas pour eux. Ils se solidifieraient jeunes. Ils seraient extrêmement bénéfiques pour les gens du domaine, mais seuls, peut-être, plutôt ennuyeux.

"Quel dommage!" dit-elle. «J'avais espéré pouvoir danser.»

C'était tellement extraordinairement gentil de leur part d'être venus ! Mais parlons de danser ! Les salles étaient pleines.

Il y avait la vieille tante Helena dans son châle. Hélas, elle doit les quitter : Lord Gayton et Nancy Blow. Il y avait la vieille Miss Parry, sa tante.

Car Miss Helena Parry n'était pas morte : Miss Parry était vivante. Elle avait plus de quatre-vingts ans. Elle montait les escaliers lentement avec un bâton. Elle fut placée sur une chaise (Richard s'en était chargé). C'est vers elle que sont toujours amenés ceux qui ont connu la Birmanie dans les années 70 . Où était donc allé Peter ? Ils étaient tellement amis. Car à la mention de l'Inde, ou même de Ceylan, ses yeux (un seul était en verre) s'approfondissaient lentement, devenaient bleus, elle voyait, non des êtres humains - elle n'avait pas de souvenirs tendres, pas d'illusions fières sur les vice-rois, les généraux, les mutineries - c'étaient des orchidées. elle a vu des cols de montagne et elle-même a été transportée sur le dos de coolies dans les années 60 sur des sommets solitaires ; ou descendre pour déraciner des orchidées (fleurs surprenantes, jamais vues auparavant) qu'elle a peintes à l' aquarelle ; une Anglaise indomptable, agitée si elle était dérangée par la guerre, par exemple, qui a largué une bombe à sa porte même, à cause de sa profonde méditation sur les orchidées et de sa propre silhouette voyageant dans les années soixante en Inde – mais voici Peter.

«Viens parler à tante Helena de la Birmanie», dit Clarissa.

Et pourtant, il n'avait pas eu un mot avec elle de toute la soirée !

"Nous parlerons plus tard", dit Clarissa en le conduisant vers tante Helena, dans son châle blanc, avec son bâton.

«Peter Walsh», dit Clarissa.

Cela ne voulait rien dire.

Clarissa lui avait demandé. C'était fatiguant; c'était bruyant; mais Clarissa le lui avait demandé. Alors elle était venue. C'était dommage qu'ils vivent à Londres, Richard et Clarissa. Ne serait-ce que pour la santé de Clarissa, il aurait été préférable de vivre à la campagne. Mais Clarissa avait toujours aimé la société.

« Il a été en Birmanie », a déclaré Clarissa.

Ah. Elle ne put s'empêcher de rappeler ce que Charles Darwin avait dit à propos de son petit livre sur les orchidées de Birmanie.

(Clarissa doit parler à Lady Bruton.)

Son livre sur les orchidées de Birmanie était sans doute oublié maintenant, mais il a eu trois éditions avant 1870, a-t-elle dit à Peter. Elle se souvenait de lui maintenant. Il était à Bourton (et il l'avait quittée, se souvient Peter Walsh, sans un mot dans le salon ce soir-là où Clarissa lui avait demandé de venir en bateau).

"Richard a tellement apprécié son déjeuner", a déclaré Clarissa à Lady Bruton.

"Richard a été de la plus grande aide possible", répondit Lady Bruton. «Il m'a aidé à écrire une lettre. Et comment vas-tu?"

« Oh, parfaitement bien ! » dit Clarisse. (Lady Bruton détestait la maladie chez les épouses des politiciens.)

« Et voilà Peter Walsh ! » dit Lady Bruton (car elle ne trouvait jamais quoi que ce soit à dire à Clarissa ; même si elle l'aimait bien. Elle avait beaucoup de belles qualités ; mais ils n'avaient rien en commun — elle et Clarissa. Cela aurait peut-être été mieux si Richard avait épousé une femme.) avec moins de charme, qui l'aurait davantage aidé dans son travail. Il avait perdu sa chance du Cabinet). «Voilà Peter Walsh!» dit-elle en serrant la main de cet agréable pécheur, de cet homme très capable qui aurait dû se faire un nom mais qui ne l'a pas fait (toujours en difficulté avec les femmes), et, bien sûr, de la vieille Miss Parry. Merveilleuse vieille dame !

Lady Bruton se tenait près de la chaise de Miss Parry, un grenadier spectral, drapé de noir, invitant Peter Walsh à déjeuner ; cordial; mais sans bavardage, ne me souvenant de rien de la flore ou de la faune de l'Inde. Elle était là, bien sûr ; était resté avec trois vice-rois; pensaient que certains civils indiens étaient des gens exceptionnellement bons ; mais quelle tragédie c'était : l'état de l'Inde ! Le Premier Ministre venait de lui dire (la vieille Miss Parry, recroquevillée dans son châle, ne se souciait pas de ce que le Premier Ministre venait de lui dire), et Lady Bruton aimerait avoir l'avis de Peter Walsh, qui vient tout juste du centre . et elle demanderait à Sir Sampson de le rencontrer, car en réalité cela l'empêchait de dormir la nuit, la folie, la méchanceté qu'elle pourrait dire, étant fille de soldat. Elle était désormais une vieille femme, pas bonne à grand-chose. Mais sa maison, ses domestiques, sa bonne amie Milly Brush – se souvenait-il d'elle ? – étaient tous là, ne demandant qu'à être utilisés si – s'ils pouvaient être utiles, en un mot. Car elle n'a jamais parlé de l'Angleterre, mais cette île des hommes, cette chère, chère terre, était dans son sang (sans lire Shakespeare), et si jamais une femme avait pu porter le casque et tirer la flèche, elle aurait pu diriger les troupes à l'attaque. , gouvernait avec une justice indomptable des hordes barbares et se reposait sous un bouclier sans nez dans une église, ou formait un monticule d'herbe verte sur une colline primitive, cette femme était Millicent Bruton. Exclue par son sexe et par une certaine absence de faculté de logique (elle se trouvait dans l'impossibilité d'écrire une lettre au Times) , elle avait toujours à portée de main l'idée de l'Empire et avait acquis de son association avec cette déesse en armure sa baguette. son allure , sa robustesse , de sorte qu'on ne pouvait la figurer même dans la mort séparée de la terre ou dans des territoires errants sur lesquels, sous une forme spirituelle, l'Union Jack avait cessé de voler. Ne pas être Anglais, même parmi les morts – non, non ! Impossible!

Mais était-ce Lady Bruton (qu'elle connaissait) ? Était-ce Peter Walsh devenu gris ? Lady Rosseter s'est demandé (qui avait été Sally Seton). Il s'agissait certainement de la vieille Miss Parry – la vieille tante qui se montrait si fâchée lorsqu'elle séjournait à Bourton. Elle ne devrait jamais oublier de courir nue dans le couloir et d'être appelée par Miss Parry ! Et Clarisse ! oh Clarisse ! Sally l'attrapa par le bras.

Clarissa s'arrêta à côté d'eux.

« Mais je ne peux pas rester », dit-elle. «Je viendrai plus tard. Attendez," dit-elle en regardant Peter et Sally. Ils devaient attendre, voulait-elle dire, que tous ces gens soient partis.

«Je reviendrai», dit-elle en regardant ses vieux amis, Sally et Peter, qui se serraient la main, et Sally, se souvenant sans doute du passé, riait.

Mais sa voix était arrachée de son ancienne richesse ravissante ; ses yeux ne brillaient plus comme autrefois, quand elle fumait des cigares, quand elle courait dans le couloir pour aller chercher son sac à éponges, sans un point de vêtement sur elle, et Ellen Atkins demanda : Et si ces messieurs l'avaient rencontrée ? Mais tout le monde lui a pardonné. Elle a volé un poulet dans le garde-manger parce qu'elle avait faim pendant la nuit ; elle fumait des cigares dans sa chambre ; elle a laissé un livre inestimable dans la barque. Mais tout le monde l'adorait (sauf peut-être Papa). C'était sa chaleur ; sa vitalité : elle peignait, elle écrivait. Les vieilles femmes du village n'ont jamais oublié de demander des nouvelles de « ton ami au manteau rouge qui semblait si brillant ». Elle accusa Hugh Whitbread, entre autres (et il était là, son vieil ami Hugh, en train de parler à l'ambassadeur du Portugal), de l'avoir embrassée dans le fumoir pour la punir d'avoir dit que les femmes devraient avoir le droit de vote. Les hommes vulgaires le faisaient, dit-elle. Et Clarissa se souvenait avoir dû la persuader de ne pas le dénoncer lors des prières familiales – ce qu'elle était capable de faire avec son audace, son insouciance, son amour mélodramatique d'être au centre de tout et de créer des scènes, et c'était inévitable, pensait Clarissa. , pour se terminer par une terrible tragédie; sa mort; son martyre ; au lieu de cela, elle avait épousé, de manière tout à fait inattendue, un homme chauve avec une grande boutonnière qui possédait, disait-on, des filatures de coton à Manchester. Et elle a eu cinq garçons !

Elle et Peter s'étaient installés ensemble. Ils parlaient : cela leur semblait si familier qu'ils auraient dû parler. Ils discuteraient du passé. Avec eux deux (plus encore qu'avec Richard) elle partageait son passé ; le jardin; les arbres; le vieux Joseph Breitkopf chantant Brahms sans aucune voix ; le papier peint du salon ; l'odeur des tapis. Sally doit toujours en faire partie ; Peter doit toujours l'être. Mais elle doit les quitter. Il y avait les Bradshaw , qu'elle n'aimait pas. Elle doit s'approcher de Lady Bradshaw (en gris et argent, se balançant comme un lion de mer au bord de son réservoir, aboyant pour les invitations, les duchesses, la femme typique de l'homme à succès), elle doit s'approcher de Lady Bradshaw et lui dire... ..

Mais Lady Bradshaw l'avait anticipée.

"Nous sommes terriblement en retard, chère Mme Dalloway, nous avons à peine osé entrer", a-t-elle déclaré.

Et Sir William, qui avait l'air très distingué, avec ses cheveux gris et ses yeux bleus, dit oui ; ils n'avaient pas pu résister à la tentation. Il parlait probablement à Richard de ce projet de loi, qu'ils voulaient faire adopter aux Communes. Pourquoi le voir parler à Richard l'avait-elle recroquevillée ? Il avait l'air de ce qu'il était, un grand médecin. Un homme absolument à la tête de son métier, très puissant, plutôt usé. Car pensez aux cas qui lui ont été présentés : des gens dans les plus profondes profondeurs de la misère ; des gens au bord de la folie ; maris et femmes. Il lui fallait trancher des questions d'une difficulté épouvantable. Pourtant, ce qu'elle ressentait, c'est qu'on n'aimerait pas que Sir William voie une personne malheureuse. Non; pas cet homme.

« Comment va votre fils à Eton ? elle a demandé à Lady Bradshaw.

Il venait de rater son onze heures, dit Lady Bradshaw, à cause des oreillons. Son père s'en souciait encore plus que lui, pensait-elle, "n'étant", dit-elle, "rien d'autre qu'un grand garçon lui-même".

Clarissa regarda Sir William, parlant à Richard. Il ne ressemblait pas à un garçon – pas du tout à un garçon. Elle était allée une fois avec quelqu'un pour lui demander conseil. Il avait parfaitement raison ; extrêmement sensé. Mais mon Dieu, quel soulagement de retrouver la rue ! Il y avait un pauvre diable qui sanglotait, se rappelait-elle, dans la salle d'attente. Mais elle ne savait pas de quoi il s'agissait : de Sir William ; ce qu'elle n'aimait pas exactement. Seul Richard était d'accord avec elle, "n'aimait pas son goût, n'aimait pas son odeur". Mais il était extraordinairement capable. Ils parlaient de ce projet de loi. Un cas, mentionnait Sir William en baissant la voix. Cela avait une incidence sur ce qu'il disait au sujet des effets différés des chocs d'obus. Il doit y avoir une disposition dans le projet de loi.

Baissant la voix, attirant Mme Dalloway dans le refuge d'une féminité commune, d'une fierté commune pour les qualités illustres des maris et leur triste tendance au surmenage, Lady Bradshaw (pauvre oie - on ne l'aimait pas) murmura comment, "juste au début, mon mari a été appelé au téléphone, un cas bien triste. Un jeune homme (c'est ce que dit Sir William à M. Dalloway) s'était suicidé. Il avait été dans l'armée. Oh! pensa Clarissa, au milieu de ma fête, voilà la mort, pensa-t-elle.

Elle continua sa route vers la petite pièce où le Premier ministre s'était rendu avec Lady Bruton. Peut-être qu'il y avait quelqu'un là-bas. Mais il n'y avait personne. Les chaises gardaient toujours l'empreinte du Premier ministre et de Lady Bruton, elle se tournait avec déférence, lui assis en carré, avec autorité. Ils parlaient de l'Inde. Il n'y avait personne. La splendeur de la fête s'effondrait, tellement c'était étrange d'entrer seule dans ses plus beaux atours.

Pourquoi les Bradshaw avaient-ils parlé de mort à sa fête ? Un jeune homme s'était suicidé. Et ils en parlèrent à sa fête – les Bradshaw parlèrent de la mort. Il s'était suicidé, mais comment ? C'était toujours son corps qui le traversait en premier, lorsqu'on lui annonçait tout à coup un accident ; sa robe a flambé, son corps a brûlé. Il s'était jeté d'une fenêtre. Le sol avait éclairé le sol ; à travers lui, maladroites, meurtries, passaient les pointes rouillées. Il gisait là avec un bruit sourd, un bruit sourd, un bruit sourd dans son cerveau, puis une suffocation de noirceur. Alors elle l'a vu. Mais pourquoi avait-il fait cela ? Et les Bradshaw en ont parlé lors de sa fête !

Elle avait jeté un jour un shilling dans la Serpentine, jamais rien de plus. Mais il l'avait jeté. Ils continuèrent à vivre (il faudrait qu'elle reparte ; les chambres étaient toujours bondées ; les gens arrivaient toujours). Eux (toute la journée elle avait pensé à Bourton, à Peter, à Sally), ils vieilliraient. Il y avait là une chose qui comptait ; une chose enveloppée de bavardages, dégradée, obscurcie dans sa propre vie, laissée tomber chaque jour dans la corruption, les mensonges, les bavardages. C'est ce qu'il avait conservé. La mort était un défi. La mort était une tentative de communication ; les gens ressentent l'impossibilité d'atteindre le centre qui, mystiquement, leur échappe ; la proximité s'est séparée; le ravissement s'est évanoui, on était seul. Il y avait une étreinte dans la mort.

Mais ce jeune homme qui s'était suicidé, avait-il plongé en tenant son trésor ? « S'il devait mourir maintenant, ce serait maintenant le plus heureux », s'était-elle dit un jour en descendant en blanc.

Ou bien il y avait les poètes et les penseurs. Supposons qu'il ait eu cette passion et qu'il soit allé voir Sir William Bradshaw, un grand médecin pourtant obscurément mauvais à ses yeux, sans sexe ni luxure, extrêmement poli envers les femmes, mais capable de quelque outrage indescriptible - forcer votre âme, c'était tout - si ce jeune homme était allé vers lui, et Sir William l'avait impressionné ainsi, avec sa puissance, n'aurait-il pas pu dire alors (en effet, elle le sentait maintenant) : La vie est rendue intolérable ; ils rendent la vie intolérable, des hommes comme ça ?

Puis (elle ne l'avait ressenti que ce matin) il y eut la terreur ; l'incapacité écrasante, les parents de remettre entre ses mains cette vie, à vivre jusqu'au bout, à parcourir sereinement ; il y avait au fond de son cœur une peur terrible. Même maintenant, bien souvent, si Richard n'avait pas été là pour lire le *Times* , pour qu'elle puisse s'accroupir comme un oiseau et peu à peu se ranimer, faire rugir cet incommensurable délice, se frottant bâton contre bâton, une chose avec une autre, elle aurait péri. Mais ce jeune homme s'était suicidé.

D'une manière ou d'une autre, c'était son désastre, sa honte. C'était sa punition de voir sombrer et disparaître ici un homme, là une femme, dans cette obscurité profonde, et elle la forçait à se tenir ici dans sa robe du soir. Elle avait comploté ; elle avait chapardé. Elle n'a jamais été totalement admirable. Elle avait voulu réussir. Lady Bexborough et tout le reste. Et une fois, elle s'était promenée sur la terrasse de Bourton.

C'était dû à Richard ; elle n'avait jamais été aussi heureuse. Rien ne pourrait être assez lent ; rien ne dure trop longtemps. Aucun plaisir ne pouvait égaler, pensa-t-elle en redressant les chaises, en poussant un livre sur l'étagère, ceci ayant fini avec les triomphes de la jeunesse, se perdit dans le processus de vivre, pour le retrouver, avec un choc de joie, comme le soleil. se leva à mesure que le jour descendait. Maintes fois elle était allée, à Bourton, quand ils parlaient tous, regarder le ciel ; ou je l'ai vu entre les épaules des gens au dîner ; je l'ai vu à Londres alors qu'elle ne pouvait pas dormir. Elle se dirigea vers la fenêtre.

Aussi stupide que soit l'idée, il contenait quelque chose qui lui était propre, ce ciel de campagne, ce ciel au-dessus de Westminster. Elle écarta les rideaux

; elle regarda. Oh, mais comme c'est surprenant ! — dans la chambre d'en face, la vieille dame la regardait fixement ! Elle allait se coucher. Et le ciel. Ce sera un ciel solennel, avait-elle pensé, ce sera un ciel sombre, détournant sa joue en beauté. Mais il était là – pâle et cendré, rapidement parcouru par de vastes nuages effilés. C'était nouveau pour elle. Le vent a dû se lever. Elle allait se coucher, dans la chambre d'en face. C'était fascinant de la voir bouger, cette vieille dame, traverser la pièce, venir à la fenêtre. Pouvait-elle la voir ? C'était fascinant, avec les gens qui riaient et criaient encore dans le salon, de voir cette vieille femme se coucher tout doucement. Elle a tiré le store maintenant. L'horloge commença à sonner. Le jeune homme s'était suicidé ; mais elle ne le plaignait pas ; avec l'horloge sonnant l'heure, une, deux, trois, elle ne le plaignait pas, avec tout cela. Là! la vieille dame avait éteint sa lumière ! toute la maison était maintenant sombre à cause de tout cela, répéta-t-elle, et les mots lui vinrent à l'esprit : Ne crains plus la chaleur du soleil. Elle doit retourner vers eux. Mais quelle nuit extraordinaire ! Elle se sentait en quelque sorte très semblable à lui, au jeune homme qui s'était suicidé. Elle était heureuse qu'il l'ait fait ; je l'ai jeté. L'horloge sonnait. Les cercles de plomb se dissolvèrent dans l'air. Il lui a fait ressentir la beauté ; lui a fait ressentir du plaisir. Mais elle doit rentrer. Elle doit se rassembler. Elle doit retrouver Sally et Peter. Et elle est sortie de la petite pièce.

"Mais où est Clarissa?" dit Pierre. Il était assis sur le canapé avec Sally. (Après toutes ces années, il ne pouvait vraiment pas l'appeler « Lady Rosseter ».) « Où est allée cette femme ? Il a demandé. "Où est Clarissa?"

Sally supposait, et Peter aussi d'ailleurs, qu'il y avait des gens importants, des politiciens, qu'aucun d'eux ne connaissait sauf de vue dans les journaux illustrés, avec qui Clarissa devait être gentille, avec qui il fallait parler. Elle était avec eux. Pourtant, Richard Dalloway ne faisait pas partie du Cabinet. Il n'avait pas été un succès, supposait Sally ? Pour sa part, elle ne lisait presque jamais les journaux. Elle voyait parfois son nom prononcé. Mais alors… eh bien, elle vivait une vie très solitaire, dans la nature, disait Clarissa, parmi de grands marchands, de grands fabricants, des hommes, après tout, qui faisaient des choses. Elle aussi avait fait des choses !

«J'ai cinq fils!» elle lui a dit.

Seigneur, Seigneur, quel changement s'était produit en elle ! la douceur de la maternité ; son égoïsme aussi. La dernière fois qu'ils s'étaient rencontrés, Peter se souvenait, c'était parmi les choux-fleurs au clair de lune, les feuilles « comme du bronze brut », avait-elle dit, avec son tour littéraire ; et elle avait cueilli une rose. Elle l'avait promené de long en large cette horrible nuit, après la scène près de la fontaine ; il devait prendre le train de minuit. Mon Dieu, il avait pleuré !

C'était son vieux truc, ouvrir un couteau de poche, pensa Sally, ouvrant et fermant toujours un couteau quand il était excité. Ils avaient été très, très intimes, elle et Peter Walsh, quand il était amoureux de Clarissa, et il y avait eu cette scène horrible et ridicule avec Richard Dalloway au déjeuner. Elle avait appelé Richard « Wickham ». Pourquoi ne pas appeler Richard « Wickham » ? Clarissa s'était enflammée ! et en effet, elles ne s'étaient jamais vues depuis, elle et Clarissa, pas plus d'une demi-douzaine de fois peut-être au cours des dix dernières années. Et Peter Walsh était parti en Inde, et elle avait vaguement entendu dire qu'il avait fait un mariage malheureux, et elle ne savait pas s'il avait des enfants, et elle ne pouvait pas le lui demander, car il avait changé. Il était plutôt ratatiné , mais plus gentil, elle le sentait, et elle avait une réelle affection pour lui, car il était lié à sa jeunesse, et elle avait encore une petite Emily Brontë qu'il lui avait donnée, et il devait sûrement écrire. ? A cette époque, il devait écrire.

"Avez-vous écrit?" lui demanda-t-elle en étendant sa main, sa main ferme et galbée, sur son genou d'une manière dont il se souvenait.

"Pas un mot!" » dit Peter Walsh, et elle rit.

Elle était toujours aussi attirante, toujours un personnage, Sally Seton. Mais qui était ce Rosseter ? Il portait deux camélias le jour de son mariage – c'était tout ce que Peter savait de lui. « Ils ont des myriades de domestiques, des kilomètres de vérandas », écrit Clarissa ; quelque chose comme ca. Sally l'a reconnu avec un éclat de rire.

«Oui, j'en ai dix mille par an» - que ce soit avant ou après le paiement de l'impôt, elle ne se souvenait plus, pour son mari, «que tu dois rencontrer», dit-elle, «que tu voudrais», dit-elle, j'ai fait tout ça pour elle.

Et Sally était en haillons. Elle avait mis en gage la bague de sa grand-mère que Marie-Antoinette avait donnée à son arrière-grand-père pour qu'il vienne à Bourton.

Oh oui, se souvenait Sally ; elle l'avait encore, une bague en rubis que Marie-Antoinette avait offerte à son arrière-grand-père. Elle n'avait jamais un sou en poche à cette époque, et aller à Bourton signifiait toujours un épouvantable pincement. Mais aller à Bourton avait tellement signifié pour elle – l'avait gardée saine d'esprit, croyait-elle, tant elle avait été malheureuse à la maison. Mais tout cela appartenait au passé, désormais, dit-elle. Et M. Parry était mort ; et Miss Parry était toujours en vie. Jamais il n'avait eu un tel choc de sa vie ! dit Pierre. Il était certain qu'elle était morte. Et le mariage avait été, supposait Sally, un succès ? Et cette jeune femme très belle et très sûre d'elle, c'était Elizabeth, là-bas, près des rideaux, en rouge.

(Elle était comme un peuplier, elle était comme une rivière, elle était comme une jacinthe, pensait Willie Titcomb. Oh, combien plus agréable d'être à la campagne et de faire ce qu'elle voulait ! Elle pouvait entendre son pauvre chien hurler, Elizabeth en était certaine. .) Elle ne ressemblait pas du tout à Clarissa, a déclaré Peter Walsh.

"Oh, Clarisse!" dit Sally.

Ce que Sally ressentait était simplement ceci. Elle devait énormément à Clarissa. Ils avaient été amis, pas connaissances, amis, et elle voyait encore Clarissa toute en blanc se promener dans la maison les mains pleines de fleurs – encore aujourd'hui, les plants de tabac lui faisaient penser à Bourton. Mais – Peter avait- il compris ? – il lui manquait quelque chose. Manqué, qu'est-ce que c'était ? Elle avait du charme ; elle avait un charme extraordinaire. Mais pour être franche (et elle sentait que Peter était un vieil ami, un véritable ami – est-ce que l'absence comptait ? la distance comptait-elle ? Elle avait souvent voulu lui écrire, mais elle l'avait déchiré, et pourtant elle sentait qu'il comprenait, car les gens comprennent sans les choses étant dites, comme on s'en rend compte en vieillissant, et elle était vieille, elle avait été cet après-midi-là pour voir ses fils à Eton, où ils avaient les oreillons), pour être tout à fait franc alors, comment Clarissa aurait-elle pu faire cela ? - mariée à Richard Dalloway ? un sportif, un homme qui ne s'occupait que des chiens. Littéralement, lorsqu'il entra dans la pièce, il sentit l'écurie. Et puis tout ça ? Elle agita la main.

C'était Hugh Whitbread, qui passait devant lui dans son gilet blanc, sombre, gros, aveugle, au-delà de tout ce qui lui paraissait, à l'exception de l'estime de soi et du confort.

"Il ne va pas reconnaître *nous* », dit Sally, et vraiment elle n'en avait pas le courage – c'était donc Hugh ! l'admirable Hugues !

"Et que fait-il?" elle a demandé à Peter.

Il a noirci les bottes du roi ou compté les bouteilles à Windsor, lui a dit Peter. Peter gardait toujours sa langue acérée ! Mais Sally doit être franche, dit Peter. Ce baiser maintenant, c'est celui de Hugh.

Sur les lèvres, lui assura-t-elle, un soir, au fumoir. Elle se dirigea directement vers Clarissa en colère. Hugh n'a pas fait de telles choses ! Clarissa a dit, l'admirable Hugh ! Les chaussettes de Hugh étaient sans exception les plus belles qu'elle ait jamais vues – et maintenant sa robe de soirée. Parfait! Et avait-il des enfants ?

"Tout le monde dans la pièce a six fils à Eton", lui dit Peter, sauf lui-même. Lui, Dieu merci, n'en avait pas. Pas de fils, pas de filles, pas de femme. Eh bien, cela ne semblait pas le déranger, dit Sally. Il avait l'air plus jeune, pensait-elle, que n'importe lequel d'entre eux.

Mais cela avait été une chose stupide à bien des égards, dit Peter, de se marier ainsi ; « Elle était une oie parfaite », dit-il, mais, dit-il, « nous avons passé un moment splendide », mais comment est-ce possible ? se demanda Sally ; que voulait-il dire ? et comme c'était étrange de le connaître et pourtant de ne rien savoir de ce qui lui était arrivé. Et l'a-t-il dit par fierté ? Très probablement, car après tout, cela devait être exaspérant pour lui (même s'il était une bizarrerie, une sorte d'esprit, pas du tout un homme ordinaire), il devait se sentir seul à son âge de n'avoir ni maison, ni nulle part où aller. Mais il doit rester avec eux pendant des semaines et des semaines. Bien sûr qu'il le ferait ; il adorerait rester avec eux, et c'est comme ça que ça s'est passé. Durant toutes ces années, les Dalloways n'avaient jamais été là. À maintes reprises, ils leur avaient demandé. Clarissa (car c'était Clarissa bien sûr) ne viendrait pas. Car, dit Sally, Clarissa était dans l'âme une snob – il fallait l'admettre, une snob. Et c'était ça qui était entre eux, elle en était convaincue. Clarissa pensait s'être mariée en dessous d'elle, son mari étant — elle en était fière — le fils d'un mineur. Chaque centime qu'ils avaient, il l'avait gagné. Quand il était petit garçon (sa voix tremblait), il portait de gros sacs.

(Et ainsi elle continuerait, pensait Peter, heure après heure ; le fils du mineur ; les gens pensaient qu'elle s'était mariée en dessous d'elle ; ses cinq fils ; et quelle était l'autre chose – des plantes, des hortensias, des seringas, des hibiscus très, très rares.) qui ne poussent jamais au nord du canal de Suez, mais elle, avec un jardinier dans une banlieue proche de Manchester, en possédait des parterres, absolument des parterres. Maintenant, tout ce à quoi Clarissa s'était échappée, aussi maternelle qu'elle fût.)

était snob ? Oui, à bien des égards. Où était-elle, pendant tout ce temps ? Il se faisait tard.

« Pourtant », a déclaré Sally, « quand j'ai entendu que Clarissa donnait une fête, j'ai senti que je ne pouvais pas ne pas *venir* – je devais la revoir (et je vis dans Victoria Street, pratiquement à côté). Alors je suis venu sans invitation. Mais, murmura-t-elle, dis-moi, fais-le. Qui est-ce?"

C'était Mme Hilbery , qui cherchait la porte. Comme il se faisait tard ! Et, murmurait-elle, à mesure que la nuit avançait, à mesure que les gens avançaient, on retrouvait de vieux amis ; des coins et recoins tranquilles; et les plus belles vues. Savaient-ils, demanda-t-elle, qu'ils étaient entourés d'un jardin enchanté ? Des lumières, des arbres, de merveilleux lacs étincelants et le ciel. Juste quelques lampes féeriques, avait dit Clarissa Dalloway, dans le jardin ! Mais c'était une magicienne ! C'était un parc... Et elle ne connaissait pas leurs noms, mais elle savait qu'ils étaient des amis, des amis sans noms, des chansons sans paroles, toujours les meilleures. Mais il y avait tellement de portes, d'endroits tellement inattendus qu'elle ne parvenait pas à trouver son chemin.

« La vieille Mme Hilbery », dit Peter ; mais qui était-ce ? cette dame qui reste toute la soirée près du rideau, sans parler ? Il connaissait son visage ; l'a mise en relation avec Bourton. Elle avait sûrement l'habitude de découper des sous-vêtements à la grande table près de la fenêtre ? Davidson, c'était son nom ?

"Oh, c'est Ellie Henderson", dit Sally. Clarissa était vraiment très dure avec elle. C'était une cousine, très pauvre. Clarissa *était* dure avec les gens.

Elle l'était plutôt, dit Peter. Pourtant, dit Sally avec émotion, avec un élan de cet enthousiasme pour lequel Peter l'aimait autrefois, mais qu'il redoutait un peu maintenant, tant elle pourrait devenir expansive, comme Clarissa était généreuse envers ses amis ! et quelle qualité rare on y trouvait, et comment parfois la nuit ou le jour de Noël, lorsqu'elle comptait ses bénédictions, elle mettait cette amitié en premier. Ils étaient jeunes ; c'était ça. Clarissa avait le cœur pur ; c'était ça. Peter la trouverait sentimentale. Elle l'était donc . Car elle en était venue à penser que c'était la seule chose qui valait la peine d'être dite : ce qu'on ressentait. L'intelligence était idiote. Il faut dire simplement ce qu'on a ressenti.

"Mais je ne sais pas", a déclaré Peter Walsh, "ce que je ressens".

Pauvre Peter, pensa Sally. Pourquoi Clarissa n'est-elle pas venue leur parler ? C'était ce qu'il désirait. Elle le savait. Tout le temps, il ne pensait qu'à Clarissa et jouait avec son couteau.

Il n'avait pas trouvé la vie simple, a déclaré Peter. Ses relations avec Clarissa n'avaient pas été simples. Cela lui avait gâché la vie, dit-il. (Ils avaient été si intimes – lui et Sally Seton, c'était absurde de ne pas le dire.) On ne peut pas être amoureux deux fois, dit-il. Et que pouvait-elle dire ? Pourtant, il vaut mieux avoir aimé (mais il la trouverait sentimentale, il était si vif autrefois). Il doit venir séjourner avec eux à Manchester. Tout cela est très vrai, dit-il. Tout cela est très vrai. Il adorerait venir et rester avec eux, dès qu'il aurait fait ce qu'il avait à faire à Londres.

Et Clarissa tenait à lui plus qu'elle ne s'était jamais souciée de Richard. Sally en était sûre.

"Non non Non!" dit Peter (Sally n'aurait pas dû dire ça, elle est allée trop loin). Ce bon garçon... il était là, au fond de la pièce, à pérorer comme toujours, cher vieux Richard. A qui parlait-il ? Sally a demandé, cet homme à l'air très distingué ? Vivant dans la nature, elle avait une curiosité insatiable de savoir qui étaient les gens. Mais Pierre ne le savait pas. Il n'aimait pas son apparence, a-t-il dit, probablement celui d'un ministre . De tous, Richard lui paraissait le meilleur, disait-il, le plus désintéressé.

"Mais qu'a-t-il fait ?" » a demandé Sally. Des travaux publics, supposait-elle. Et étaient -ils heureux ensemble ? » a demandé Sally (elle-même était extrêmement heureuse) ; car, avouait-elle, elle ne savait rien d'eux, elle se contentait de tirer des conclusions hâtives, comme on le fait, car que peut-on savoir même des gens avec lesquels on vit tous les jours ? elle a demandé. Ne sommes-nous pas tous prisonniers ? Elle avait lu une merveilleuse pièce de théâtre sur un homme qui grattait le mur de sa cellule, et elle avait senti que c'était vrai dans la vie : on grattait le mur. Désespérée des relations humaines (les gens étaient si difficiles), elle allait souvent dans son jardin et tirait de ses fleurs une paix que les hommes et les femmes ne lui ont jamais donnée. Mais non; il n'aimait pas les choux ; il préférait les êtres humains, a déclaré Peter. En effet, les jeunes sont beaux, dit Sally en regardant Elizabeth traverser la pièce. Comme c'est différent de Clarissa à son âge ! Pouvait-il tirer quelque chose d'elle ? Elle ne voulait pas ouvrir les lèvres. Pas grand-chose, pas encore, reconnut Peter. Elle était comme un lys, disait Sally, un lys au bord d'une piscine. Mais Pierre n'était pas d'accord sur le fait que nous ne savons rien. Nous savons tout, dit-il ; du moins il l'a fait.

Mais ces deux-là, murmura Sally, ces deux-là qui arrivent maintenant (et en réalité elle doit partir, si Clarissa ne venait pas bientôt), cet homme à l'air distingué et sa femme à l'air plutôt ordinaire qui avait parlé à Richard — que pouvait-on savoir de leur histoire ? les gens aiment ça ?

« Que ce sont de sacrés imbéciles », dit Peter en les regardant avec désinvolture. Il a fait rire Sally.

Mais Sir William Bradshaw s'est arrêté à la porte pour regarder une photo. Il chercha dans un coin le nom du graveur. Sa femme le regardait aussi. Sir William Bradshaw était tellement intéressé par l'art.

Quand on était jeune, disait Peter, on était trop excité pour connaître les gens. Maintenant, celle-là était vieille, cinquante-deux ans pour être précis (Sally avait cinquante-cinq ans de corps, disait-elle, mais son cœur était comme celui d'une fille de vingt ans) ; Maintenant qu'on était mûr, dit Pierre, on pouvait regarder, on pouvait comprendre, et on ne perdait pas le pouvoir de ressentir, dit-il. Non, c'est vrai, dit Sally. Elle se sentait chaque année plus profondément, plus passionnément. Cela augmentait, disait-il, hélas peut-être, mais il faut s'en réjouir : cela continuait à augmenter dans son expérience. Il y avait quelqu'un en Inde. Il aimerait parler d'elle à Sally. Il aimerait que Sally la connaisse. Elle était mariée, dit-il. Elle a eu deux jeunes enfants. Ils doivent tous venir à Manchester, dit Sally ; il doit le promettre avant de partir.

Il y a Elizabeth, dit-il, elle ne ressent pas la moitié de ce que nous ressentons, pas encore. Mais, dit Sally, en regardant Elizabeth aller chez son père, on peut voir qu'ils sont dévoués l'un à l'autre. Elle le sentait à la façon dont Elizabeth se rendait chez son père.

Car son père l'avait regardée pendant qu'il parlait aux Bradshaw , et il s'était dit : Qui est cette charmante fille ? Et soudain, il comprit que c'était son Elizabeth, et il ne l'avait pas reconnue , tant elle était belle dans sa robe rose ! Elizabeth l'avait senti la regarder pendant qu'elle parlait à Willie Titcomb. Alors elle s'approcha de lui et ils restèrent ensemble, maintenant que la fête était presque terminée, regardant les gens partir, et les pièces devenant de plus en plus vides, avec des objets éparpillés sur le sol. Même Ellie Henderson y allait, presque en dernier, même si personne ne lui avait parlé, mais elle avait voulu tout voir, le dire à Edith. Et Richard et Elizabeth étaient plutôt heureux que ce soit fini, mais Richard était fier de sa fille. Et il n'avait pas eu l'intention de le lui dire, mais il ne pouvait s'empêcher de le lui dire. Il l'avait regardée, dit-il, et il s'était demandé : Qui est cette charmante fille ? et c'était sa fille ! Cela la rendait heureuse. Mais son pauvre chien hurlait.

« Richard s'est amélioré. Vous avez raison », a déclaré Sally. « Je vais aller lui parler. Je dirai bonsoir. Qu'importe le cerveau, dit Lady Rosseter en se levant, comparé au cœur ?

«Je viendrai», dit Peter, mais il resta assis un moment. Quelle est cette terreur ? quelle est cette extase ? se dit-il. Qu'est-ce qui me remplit d'une excitation extraordinaire ?

C'est Clarissa, dit-il.

Car elle était là.

LA FIN